Lenßen erklärt's

Ihr Recht: Scheidung und Unterhalt

W0012805

dtv

Lenßen erklärt's

Ihr Recht:
Scheidung und Unterhalt

Beck im dtv
Deutscher Taschenbuch Verlag

Herausgeber
Ingo W. P. Lenßen, Jahrgang 1961, ist Rechtsanwalt und Fachanwalt für Strafrecht. Er arbeitet seit 1990 als Rechtsanwalt in Ludwigshafen am Bodensee, wo er Partner der Anwaltskanzlei Lenßen & Partner ist. Nach ihm wurde die bekannte Serie „Lenßen & Partner", die in SAT1 ausgestrahlt wird, benannt. In dieser spielt er auch die Hauptrolle.

Autorin
Cornelia C. Mengus, Jahrgang 1965, ist Rechtsanwältin und Fachanwältin für Familienrecht. Sie arbeitet seit 2002 als Rechtsanwältin überwiegend auf dem Gebiet des Familienrechts. Als Autorin und gelernte Rechtsanwaltsfachangestellte bringt sie in der Fachzeitschrift Rafa-Z Kanzleimitarbeitern das Familienrecht näher. Sie ist Partnerin der Anwaltskanzlei Lenßen & Partner in Ludwigshafen am Bodensee.

Im Internet:

dtv.de
beck.de

Originalausgabe
Deutscher Taschenbuch Verlag GmbH & Co. KG,
Friedrichstraße 1a, 80801 München
© 2009. Redaktionelle Verantwortung: Verlag C. H. Beck oHG
Druck und Bindung: Druckerei C. H. Beck, Nördlingen
(Adresse der Druckerei: Wilhelmstraße 9, 80801 München)
Satz: ottomedien, Darmstadt
Umschlaggestaltung: Agentur Bureau Parapluie, Großberghofen
ISBN 978-3-423-50451-5 (dtv)
ISBN 978-3-406-57475-7 (C. H. Beck)

9 783406 574757

Vorwort des Herausgebers

Liebe Leserinnen und Leser,

in meiner täglichen Arbeit als Rechtsanwalt erlebe ich immer wieder, wie kompliziert unsere Rechtsordnung ist und wie schwer es vielen Menschen fällt, den „Paragrafendschungel" zu durchschauen.

Aus dieser Erfahrung heraus habe ich eine kleine Reihe von Ratgebern entwickelt, in denen die wichtigsten Rechtsfragen des Alltags kurz und verständlich behandelt werden. Besonders wichtig sind mir dabei die vielen kleinen Beispiele, Tipps und Checklisten, die erst richtig anschaulich machen, worum es bei den einzelnen Problemen geht.

Im vorliegenden Ratgeber behandelt Cornelia C. Mengus mit „Scheidung und Unterhalt" wesentliche Bereiche des Familienrechts. Frau Mengus ist Fachanwältin für Familienrecht, und ich freue mich, dass eine so erfahrene Autorin hier ihr Wissen einer breiten Öffentlichkeit zur Verfügung stellt.

Ihr

Ingo Lenßen
Rechtsanwalt

Inhalt

Einleitung

Dieses Büchlein soll Ihnen eine Orientierungshilfe durch das Familienrecht bieten. Aus diesem Grunde haben wir auch nur die Themen aufgegriffen, die Ihnen in der Regel am meisten „auf den Nägeln brennen".

Die Komplexität des Familienrechts hat uns innerhalb der einzelnen Themen auf das in der Praxis Wesentliche konzentrieren lassen, so dass dieses Büchlein keinen Anspruch auf Vollständigkeit erheben kann.

Der Band beschäftigt sich mit den Themen Trennung und Ehescheidung sowie deren Folgen wie bspw. Ehegattenunterhalt, die leidige Hausratsteilung und Zugewinn- und Versorgungsausgleichsansprüche aus Sicht der Ehepartner. Auch die eingetragene Lebenspartnerschaft soll nicht unerwähnt bleiben.

Für Ehepartner, aus deren Ehe Kinder hervorgegangen sind, sollen die Themen elterliche Sorge, Umgangsrecht, Anspruch auf Kindesunterhalt sowie staatliche Hilfe für die Versorgung und Betreuung der Kinder einen ersten Einblick in die damit verbundene Problematik bieten.

In den Kapiteln finden Sie – wenn erforderlich bzw. hilfreich – Tipps und Tricks zum jeweiligen Thema.

Bitte beachten Sie, dass das vorliegende Büchlein nur ein grober Leitfaden sein kann. Sollten die Probleme tief greifender sein, sollten Sie fachanwaltlichen Rat einholen.

Die Trennung

Wann leben Sie eigentlich von Ihrem Ehepartner im Sinne des Gesetzes getrennt, d.h. wann besteht die gemeinsame Lebensgemeinschaft nicht mehr?

Bei der Beantwortung dieser Frage kommt es nicht nur auf das bloße – objektiv betrachtete – Getrenntleben an, vielmehr gehört auch der Wille der Ehepartner – somit das subjektive Element – dazu, mit dem anderen nicht mehr zusammenleben zu wollen. Auch wenn es ausreicht, dass nur Sie sich von Ihrem Ehepartner trennen wollen, so muss der Verlassene zumindest Kenntnis hiervon haben. Diese Kenntnis ist für den Beginn des Trennungsjahres dringend erforderlich.

Grund hierfür ist, dass der verlassene Ehepartner die Chance zur Rettung der Ehe haben soll. Weiß oder bemerkt er womöglich überhaupt nicht, dass der andere Ehepartner sich von ihm trennen will, kann er geeignete Maßnahmen nicht in die Wege leiten.

Die nachfolgenden Beispiele machen deutlich, dass ein rein räumliches Getrenntleben für einen längeren Zeitraum allein kein Getrenntleben im Sinne der Beendigung der Lebensgemeinschaft darstellen muss:

- Ihr Ehepartner muss aus Krankheitsgründen für einen längeren Zeitraum ins Krankenhaus und/oder in eine Kurklinik.

- Er hält sich berufsbedingt für einen längeren Zeitraum im Ausland auf.

- Auch ein längerer Haftaufenthalt Ihres Ehepartners stellt noch keine Beendigung der Lebensgemeinschaft dar. Sollten Sie sich trennen wollen, müssen Sie dies deutlich zum Ausdruck bringen.

Probleme gibt es immer wieder, wenn die Eheleute in der gemeinsamen Wohnung leben und der eine Partner sich innerhalb dieser Wohnung vom anderen trennen will und dieser die Trennung nicht akzeptiert. Dem trennungswilligen Partner ist anzuraten, dass er dem anderen seinen Trennungswillen in nachweisbarer Form mitteilt. Zum Nachweis dienen insbesondere Zeugen oder Schriftstücke, deren Empfang bestätigt wurde.

Trennen Sie sich von Ihrem Ehepartner innerhalb der gemeinsamen Ehewohnung, ist ganz wichtig zu beachten, dass die Wohnung räumlich aufgeteilt ist und Sie getrennt von Ihrem Partner jeweils selbstständig Ihren Haushalts- und Wirtschaftsbereich führen.

Hierbei müssen Sie insbesondere die nachfolgenden Punkte beachten.

Das Führen von getrennten Kassen
Der gemeinsame Haushaltsgeldbeutel ist fortan tabu. Sollte der eine Partner über keine eigenen Einkünfte verfügen, steht ihm in der Regel Unterhalt zu, so dass der Partner auch in der Lage ist, sich selbst zu versorgen.

Das Schlafen in getrennten Zimmern
Auch das gemeinsame Benutzen des Schlafzimmers ohne physischen und/oder psychischen Kontakt spricht gegen das Vorliegen einer Trennung. Ergo: Einer schläft auf dem Sofa!

Getrennt Waschen und Einkaufen
Waschen und Einkaufen müssen getrennt erfolgen. Ausnahmen können sich ergeben, wenn der eine Partner im Eigeninteresse diese Arbeiten durchführt, da er beispielsweise eine Verwahrlosung der Wohnung (der andere Partner putzt partout das Bad nicht!) nicht hinnehmen will.

Getrennte Mahlzeiten

Auch die Mahlzeiten müssen getrennt voneinander eingenommen werden. Eine Ausnahme hierzu kann bestehen, wenn kleine Kinder im Haushalt leben. Hier ist ein gemeinsames sonntägliches Mittagessen nicht schädlich. Allerdings sollten die gemeinsamen Mahlzeiten auf ein Minimum reduziert werden. Wie so oft im Familienrecht kommt es auf die jeweilige individuelle Familiensituation an.

Wie Sie sehen, unterliegt das Sich-Trennen in der gemeinsamen Wohnung recht einschränkenden Regeln, so dass der unten stehende Hinweis – soweit möglich – auch dann umgesetzt werden sollte, wenn man sich über die Trennung einig ist.

Für eine eindeutige räumliche Trennung sorgen Sie nur dann, wenn Sie oder der Partner die gemeinsame Ehewohnung endgültig verlässt! Etwaige Streitpunkte, wie bspw. seit wann man getrennt lebt und ob es Versöhnungsversuche gab, sind damit ausgeschlossen!

Zur Beendigung der Lebensgemeinschaft muss nunmehr noch die Prognose hinzukommen, dass diese Lebensgemeinschaft auch zukünftig nicht wiederhergestellt werden kann. In der Praxis ist eine solche Prognose in der Regel einfach zu stellen, da die Aufhebung der ehelichen Lebensgemeinschaft zumeist auch eine völlige Entfremdung der Ehepartner beinhaltet.

Schwierig kann es – mal wieder – nur werden, wenn ein Ehepartner nicht geschieden werden möchte und behauptet, dass die Wiederherstellung der ehelichen Lebensgemeinschaft möglich sei.

Der scheidungsunwillige Partner muss allerdings in diesen Fällen nun Anhaltspunkte vorbringen, die nachweisen, dass für den scheidungswilligen Partner eine positive Prognose getroffen werden kann. Dies dürfte praktisch unmöglich sein, da der scheidungswillige Partner auch der trennungswillige (Aufhebung der ehelichen Lebensgemeinschaft) war!

An dieser Stelle sei auch das Stichwort Versöhnungsversuch ange-sprochen. Der Gesetzgeber hat festgelegt, dass das neuerliche Zu-sammenleben der Eheleute für eine kürzere Zeit, welche der Versöh-nung dienen soll, nicht zwingend den Trennungszeitlauf unterbricht oder hemmt, d.h. aufschiebt.

Stellt sich natürlich unweigerlich die Frage: Was bedeutet „kürzere Zeit"?

Die Rechtsprechung geht hier weit auseinander. Das eine Gericht entscheidet, dass eine Versöhnung von drei Monaten kurz ist, und für das andere sind bereits 14 Tage nicht mehr kurz.

Bevor Sie in Ihrem Scheidungstermin von Versöhnungsversuch(en) sprechen, sollten Sie sich darüber informieren, wie das für Sie zu-ständige Familiengericht den Zeitrahmen für „Versöhnungsver-such" und „endgültige Versöhnung", die zur Unterbrechung des Trennungsjahrs führt, bestimmt.

Noch ein Hinweis zur Steuer: Sollten Sie sich im Jahre 2007 getrennt und im Jahre 2008 wieder einen Versöhnungsversuch von ca. 3–4 Wochen unternommen haben, so ist es denkbar, dass Sie auch für das Jahr 2008 die günstigere Steuerklasse beibehalten können.

Die Ehescheidung

Auch wenn das Gesetz vorsieht, dass die Ehe auf Lebenszeit ge-schlossen wird, so kann sie zumindest seit 1977 recht unproblema-tisch geschieden werden.

Voraussetzung ist allerdings, dass die Ehe gescheitert ist. Gescheitert bedeutet, dass eine Lebensgemeinschaft nicht mehr besteht und auch nicht zu erwarten ist, dass die Eheleute zukünftig die gemein-same Lebensgemeinschaft wiederherstellen können.

Warum die Ehe gescheitert ist und vor allem, welcher Ehepartner wie zum Scheitern beigetragen bzw. dieses verschuldet hat, ist vor Gericht unbeachtlich. Das Waschen schmutziger Wäsche vor Gericht ist in der Regel kontraproduktiv!

Zusammengefasst liegt ein Scheitern der Ehe vor, wenn

■ zumindest bei einem Ehegatten der Trennungswille vorhanden ist,

■ die Ehepartner durch Trennung (auch innerhalb der ehelichen Wohnung) die Ehegemeinschaft aufgehoben haben und

■ diese Aufhebung einen endgültigen Zustand darstellt und nicht nur eine kurzfristige Ehekrise.

Nun haben Sie die Möglichkeit, unter drei verschiedenen Voraussetzungen das Scheidungsverfahren einzuleiten.

Trennung der Eheleute unter 1 Jahr
Grundsätzlich hat das so genannte Trennungsjahr auch genau ein Jahr anzudauern.

Allerdings hat der Gesetzgeber auch Ausnahmen von dieser Regel vorgesehen, wie bspw. diese, dass eine Scheidung vor Ablauf eines Jahres dann möglich ist, wenn die Fortführung der Ehe für den Ehegatten, der Antrag auf Ehescheidung gestellt hat, aus Gründen, die in der Person des anderen Ehegatten liegen, eine unzumutbare Härte darstellen würde.

Ganz wichtig zu merken ist hier, dass die Härtegründe in der Person des anderen Ehegatten liegen müssen. Die Voraussetzungen für das Vorliegen eines Härtegrundes sind sehr streng. Das heißt, dass so genannte Ehealltagsprobleme zu keinem Härtegrund führen können.

Dagegen können bspw. fortdauernde schwere Tätlichkeiten oder Aufforderung zum Geschlechtsverkehr zu dritt die Voraussetzungen eines Härtegrundes erfüllen.

Von den Familiengerichten als nicht ausreichender Grund angesehen wurde die Aufnahme einer gleichgeschlechtlichen Beziehung. Dies hat zwischenzeitlich auch der Gesetzgeber mit dem LebenspartnerschaftsG anerkannt.

Wollen Sie nun den Antrag auf Ehescheidung aufgrund Härte stellen, so haben Sie die Gründe hierfür ausführlich darzulegen und – sollte Ihr Partner dem Vorwurf widersprechen – diese auch zu beweisen.

Dies bedeutet, dass Sie vor Antragstellung sorgfältig prüfen müssen, ob tatsächlich eine so starke Verfehlung Ihres Partners vorliegt, die das Vorliegen eines Härtegrundes rechtfertigen kann. Auch die Beweisbarkeit des Vorwurfs kann vielfach ein Problem darstellen. Insbesondere dann, wenn es sich um häusliche Gewalt, die in der Regel ohne Zeugen stattfindet, handelt.

Trennung der Eheleute zwischen 1 Jahr und 3 Jahren
Der klassische Fall, in dem das Gesetz davon ausgeht, dass die Ehe gescheitert ist, liegt vor, wenn

■ die Eheleute mindestens 1, aber noch keine 3 Jahre voneinander getrennt leben und

■ entweder der andere Ehegatte gleichfalls Antrag auf Ehescheidung stellt oder

■ der andere Ehegatte der Scheidung zustimmen wird. Die Zustimmung des Anderen kann vor Gericht noch in der mündlichen Verhandlung erklärt und übrigens bis zu deren Schluss auch widerrufen werden.

Handelt es sich um eine so genannte einverständliche Scheidung, stellt der Gesetzgeber darüber hinaus noch weitere Anforderungen an den Inhalt der Antragsschrift zur Ehescheidung:

Sollten Kinder aus der Ehe hervorgegangen sein, so müssen Sie mit Ihrem Partner eine einvernehmliche Erklärung zur elterlichen Sorge und zum Umgangsrecht abgeben. Es genügt auch, wenn Sie und Ihr Partner erklären, dass kein Regelungsbedarf besteht, da man sich bezüglich des Umgangs mit den Kindern und der sonstigen für die Kinder relevanter Entscheidungen einig ist.

Sie müssen mit Ihrem Partner über Ehegattenunterhalt, Kindesunterhalt, Hausrat und Ehewohnung eine Einigung erzielen und diese vorlegen, wenn nötig durch einen vollstreckbaren Schuldtitel. Nötig ist das beispielsweise nur dann nicht, wenn man den Hausrat schon verteilt hat.

In der Praxis kommt es häufig vor, dass Sie der Ansicht sind, Sie seien sich mit Ihrem Ehepartner über alles einig und benötigen nur einen Anwalt, der die Scheidung für Sie beide gemeinsam abwickelt. Das ist nur in sehr wenigen Ausnahmefällen möglich und zu empfehlen.

Grundsätzlich ist zwar ausreichend, dass derjenige, der den Antrag auf Ehescheidung stellt, anwaltlich vertreten ist; allerdings darf und kann der Anwalt nur die Interessen einer Partei vertreten.

Da es trotz anfänglichem Einverständnis der Eheleute über sämtliche Punkte während eines Scheidungsverfahrens immer wieder zu Konflikten kommen kann, sollten Sie sich in der Regel getrennt beraten lassen.

Würde der Anwalt beide vertreten, hätte er bereits bei der simplen Frage eines Partners: „Muss ich dem anderen Unterhalt zahlen?" einen Interessenkonflikt. Die Beantwortung dieser Frage mag zwar vordergründig einfach zu beantworten sein, ist aber spätestens bei Höhe und Dauer eines eventuellen Unterhaltsanspruchs abhängig davon, ob man denjenigen berät, der Unterhalt zahlen muss, oder den der Unterhalt fordert.

Hier müsste der Anwalt unweigerlich indirekt immer gegen einen seiner Mandanten vorgehen. Das ist nicht nur standesrechtlich unzulässig, sondern sicherlich auch nicht in Ihrem Sinne!

Das Trennungsjahr sollte zum Zeitpunkt der Rechtshängigkeit nahezu abgelaufen sein. Zwar reicht es nach den gesetzlichen Vorschriften aus, wenn das Trennungsjahr zum Zeitpunkt der letzten mündlichen Verhandlung – dies ist der Zeitpunkt Ihrer Gerichtsverhandlung – abgelaufen ist. Die Familiengerichte sind aber angehalten, einen verfrüht gestellten Antrag abzuweisen oder es kommt das Ruhen des Verfahrens in Betracht.

Liegen die obigen zusätzlichen Voraussetzungen nicht vollständig vor, spricht man von einer „streitigen" Scheidung. Die streitige Scheidung nach Ablauf eines Trennungsjahrs ist der am häufigsten vorkommende Antrag. „Streitig" ist eigentlich irreführend, da der andere Ehepartner auch hier dem Antrag zustimmt bzw. einen eigenen Scheidungsantrag stellt, also nichts gegen die Scheidung einzuwenden hat.

Stimmt Ihr Partner der Scheidung nicht zu bzw. stellt keinen eigenen Scheidungsantrag, fehlt es an der gesetzlich vorgeschriebenen übereinstimmenden Erklärung, dass die Ehe gescheitert ist.

Sollte sich Ihr Ehegatte tatsächlich im Scheidungstermin gegen die Scheidung aussprechen, so ist aller Wahrscheinlichkeit nach damit zu rechnen, dass der Richter ihn fragt „warum er diese Haltung hat".

In den meisten Fällen, in denen zunächst einmal ein Ehegatte zum Ausdruck gebracht hat, er wolle an der Ehe festhalten und sich nicht scheiden lassen, hat dieser seine Auffassung revidiert, als er im Scheidungstermin saß.

Spätestens auf die Frage des Richters: „Warum er denn an der Ehe festhalten wolle, wenn der andere Ehepartner sich scheiden lassen wolle?" sah der scheidungsunwillige Ehegatte seine hoffnungslose Situation ein und stimmte dem Ehescheidungsantrag zu.

Sollte er dies dennoch nicht tun, so gibt es noch eine dritte Möglichkeit einer Scheidung.

Trennung der Eheleute ab 3 Jahre
In der Regel bedeutet dies, dass Sie noch weitere 2 Jahre zuwarten müssen. Aber wie so oft gibt es auch hier Ausnahmen.

Wie gesagt, grundsätzlich sieht das Gesetz eine unwiderlegbare Vermutung für das Scheitern der Ehe erst dann als gegeben an – und zwar unabhängig davon, ob einer der Partner geschieden werden will oder nicht –, wenn die Eheleute mindestens 3 Jahre getrennt voneinander leben.

Diese Vermutung können Sie allerdings mit entsprechendem Vortrag bei Einreichung des Antrags auf Ehescheidung widerlegen. Das heißt, dass Sie sich auch vor Ablauf von 3 Jahren von Ihrem scheidungsunwilligen Ehepartner scheiden lassen können.

Einer der am häufigsten vorkommenden Gründe ist, dass Sie sich einem neuen Lebensgefährten zugewandt haben und in einer neuen eheähnlichen Lebensgemeinschaft leben. Allerdings sollte das nicht nur eine flüchtige Affäre sein, sondern schon eine gefestigte Beziehung, die erkennen lässt, dass eine Rückkehr in die „alte Ehe" endgültig ausgeschlossen ist.

Die wirklich streitige Scheidung enthält z. B. einen Abweisungsantrag, d. h. Ihr Antrag auf Ehescheidung wird vom Ehepartner zurückgewiesen (Achtung! Es herrscht Anwaltszwang) oder zumindest er erklärt selbst einen Widerspruch gegen die Ehescheidung oder er äußert sich gar nicht.

Der Ehepartner, welcher den Antrag auf Ehescheidung eingereicht hat, hat nun vorzutragen und zu beweisen, dass die Ehe gescheitert ist.

Das Gericht hat auch selbst zu ermitteln, ob die Ehe gescheitert ist oder nicht, der so genannte Amtsermittlungsgrundsatz gilt. Dies hat allerdings zur Folge, dass das unabhängige Gericht auch eheerhaltende Maßnahmen ermitteln kann.

Kommt das Gericht beispielsweise im Termin zur mündlichen Verhandlung, in welchem Sie und Ihr Partner zum Scheitern der Ehe angehört werden, zu dem Schluss, dass Sie und Ihr Partner nur eine vorübergehende Ehekrise durchleben und die Chancen für eine Wiederherstellung der ehelichen Lebensgemeinschaft gut sind, wird es diese Erkenntnis in seine Entscheidung – Scheidung ja oder nein – mit einbeziehen. Allerdings muss man an dieser Stelle anmerken, dass dies recht selten der Fall ist.

Leben Sie seit 3 Jahren voneinander getrennt, werden Sie geschieden!

Das Gericht prüft dann lediglich noch, ob die Dreijahresfrist tatsächlich abgelaufen ist. Dies hört sich einfach an, ist es oftmals aber nicht! Wir dürfen an dieser Stelle dringend an unsere Tipps unter dem Kapitel „Die Trennung" erinnern. Streitpunkt zwischen den Ehepartnern ist – sollte sich einer nicht scheiden lassen wollen – immer wieder die Frage, ab wann leben wir getrennt und gab es während der Trennung Versöhnungsversuche und wenn ja, wie lange haben diese angedauert!

Bitte beachten Sie beim Versöhnungsversuch, dass dadurch steuerrechtlich eventuell die Voraussetzungen für ein Jahr weiterer gemeinsamer Veranlagung geschaffen werden.

Scheidungshindernisse/Härtefall
Auch wenn Scheidungen aufgrund unzumutbarer Härte eher selten in der Praxis vorkommen, so soll dennoch das Thema nicht unerwähnt bleiben.

Das Gesetz sieht auch Fälle vor, in denen Sie nicht geschieden werden sollen.

Ein derartiges Scheidungshindernis ist dann gegeben, wenn die Scheidung für Kinder oder Ehegatten eine unzumutbare Härte darstellt.

Droht beispielsweise Ihr minderjähriges Kind mit Selbstmord für den Fall, dass Sie sich vom anderen Elternteil scheiden lassen, und kann diese Gefahr auch mit sachverständiger Beratung und Behandlung nicht abgewendet werden, sondern nur mit einer „Nicht-Scheidung", dann ist ein Härtegrund für die Verweigerung der Ehescheidung gegeben. Allerdings muss die Abweisung des Scheidungsantrages auch geeignet sein, die Selbstmordgefahr abzuwenden.

Wie Sie sehen, unterliegt ein derartiger Härtegrund hohen Anforderungen, was auch richtig ist, da grundsätzlich – auch wenn es hart klingt – die Kinder die mit einer Trennung/Scheidung einhergehenden Veränderungen und Nachteile hinzunehmen haben.

Ein weiterer Härtegrund kann gegeben sein, wenn Ihr Ehepartner ein hohes Lebensalter erreicht hat oder schwer erkrankt und schwer pflegebedürftig ist. Auch hier muss ganz klar zum Ausdruck kommen, dass die Veränderung, die durch die Ehescheidung auf den anderen Partner zukommt, derart unzumutbar ist, dass die Scheidung verweigert werden muss.

Das Familiengericht überprüft – bei Bejahung der Härteklausel – nicht mehr, ob die Ehe gescheitert ist, sondern weist den Antrag schlicht ab.

Auch wenn mit dieser Härteklausel wirklich nur sehr spezielle Einzelfälle erfasst werden sollen, so kommt diese in der Praxis im Rahmen von häuslicher Gewalt nun doch leider hin und wieder zur Anwendung.

Beispiel *Ein aufgrund Alkoholmissbrauchs gewalttätiger Ehemann misshandelt seine Ehefrau immer wieder massiv körperlich wie auch seelisch. Daraufhin erwirkt die Ehefrau bei Gericht eine einstweilige Anordnung dahingehend, dass der Ehemann die Wohnung nicht mehr betreten dürfe. Auch wenn nun die Ehefrau von ihrem Ehemann getrennt lebt und darüber hinaus geschützt ist, kann sie Antrag auf Ehescheidung vor Ablauf des Trennungsjahres wegen unzumutbarer Härte einreichen. Der Ehefrau ist aufgrund der vergangenen Vorkommnisse nicht länger zumutbar mit dem gewalttätigen Ehemann weiter verheiratet zu sein.*

Ablauf eines Scheidungsverfahrens/Ausfüllen von Versorgungsausgleichsbögen
Sofern keine anderen Folgesachen als der Versorgungsausgleich – dazu später – mitbeachtet werden müssen, werden nach Antragseinreichung und -zustellung für den Versorgungsausgleich die Rentenkonten geklärt.

Vielfach übersendet das Gericht bereits mit Zustellung des Scheidungsantrags die erforderlichen Formulare für den Versorgungsausgleich. Diese Formulare sollten Sie schnellstmöglich ausfüllen und dem Rechtsanwalt zur Weiterleitung an das Gericht zurücksenden. Oftmals setzt das Gericht zur Hereinreichung der ausgefüllten Formulare eine Frist, welche Sie unbedingt beachten müssen, da das Gericht ein Ordnungsgeld androhen und festsetzen kann, sollten die Auskünfte überhaupt nicht oder nur unvollständig hereingereicht worden sein.

Das Gericht schreibt dann die Rententräger an, die die Konten klären und den Versicherungsverlauf und die Höhe der innerhalb der Ehe erwirtschafteten Rentenanwartschaften offenlegen.

Alle ausgehändigten Unterlagen sollten Sie immer sorgfältig prüfen! Dies gilt auch und insbesondere für die Rentenauskünfte des anderen Ehepartners. Schließlich erfolgt ein Rentenausgleich durch Übertragung von Rentenanwartschaften, so dass es für Sie von Interesse ist, was der andere erwirtschaftet hat und ob die Angaben stimmen.

Je nach Familiengericht wird erst dann ein Termin zur mündlichen Verhandlung anberaumt, wenn die Rentenauskünfte vollständig vorliegen.

Andere Familiengerichte legen bereits vor vollständiger Rentenauskunft einen Termin zur Anhörung fest, in welchem die Eheleute zum Scheitern der Ehe angehört werden. Die Durchführung des Versorgungsausgleichs erfolgt in diesen Fällen – wenn beide Eheleute anwaltlich vertreten sind – im Wege des schriftlichen Verfahrens, das heißt ohne mündliche Verhandlung.

Im ersten Fall wird vom Gericht zumeist gleichzeitig mit der Verfügung zur Terminsbestimmung ein Entwurf zum Versorgungsausgleich übersandt. In der Regel setzt das Gericht den Eheleuten noch eine kurze Frist zur Stellungnahme zum Entwurf. Dies hat den Vorteil, dass die anschließende mündliche Verhandlung zügig durchgeführt werden kann.

Wurde der Versorgungsausgleich unstreitig, d. h. haben Sie und/oder Ihr Ehepartner keine Einwände gegen Art und Höhe, durchgeführt und wurde von keinem der Eheleute ein Folgesacheantrag (Unterhalt, Sorgerecht usw.) gestellt, kann im Anschluss daran das Scheidungsurteil verkündet werden.

Dauer des Verfahrens

Es wird immer wieder gerne gefragt, wie lange voraussichtlich ein Scheidungsverfahren dauern wird. Da dies abhängig von der Arbeitslast der Rententräger bzw. des zuständigen Gerichts ist, sind Auskünfte hierüber nur schwerlich zu erteilen. Meist sind es auch andere in Verbindung mit der Scheidungssache anhängige Verfahren so genannte Folgesachen, die ein Scheidungsverfahren in die Länge ziehen können.

Solche Folgesachen sind z. B. Unterhaltsklagen, die vor einem Ehescheidungsurteil entschieden werden müssen. Zieht sich also das Unterhaltsverfahren lange hin, so dauert das Scheidungsverfahren ebenso lange an.

Rechtsmittel im Scheidungsverfahren

Nachdem das Scheidungsurteil verkündet wurde, besteht die Möglichkeit – sollten beide Eheleute anwaltlich vertreten sein – Verzicht auf Rechtsmittel und Anschlussrechtsmittel zu erklären.

Mit der Erklärung zu Protokoll können Sie dann gegen die Scheidung keine Rechtsmittel mehr einlegen. Das wird im Protokoll und auf der Ausfertigung des Urteils, auf dem die Rechtskräftigkeit vermerkt ist, aufgenommen. Die Rechtskraft tritt dann mit Verkündung des Urteils ein. Ein Scheidungsurteil kann also in den einzelnen Aussprüchen zu unterschiedlichen Zeiten rechtskräftig werden.

Dieser Rechtsmittelverzicht kann für Sie Konsequenzen haben, da das Scheidungsurteil nunmehr früher rechtskräftig wird. Aus diesem Grunde sollten Sie eine diesbezügliche Beratung dem Rechtsanwalt überlassen.

Die gängigsten Konsequenzen stellen wir Ihnen nachfolgend kurz dar:

■ Beide Eheleute müssen sich früher selbst kranken- und pflegeversichern.

■ Beziehen beide Eheleute bereits Rente, wird diese bereits ab dem Folgemonat entsprechend dem Versorgungsausgleich gekürzt.

■ Der Zeitpunkt zur Geltendmachung von nachehelichem Ehegattenunterhalt wird vorverlegt.

Wurde kein Rechtsmittelverzicht erklärt, gelten für das Rechtsmittelverfahren die allgemeinen Vorschriften für die Berufung und Revision sowie die sofortige Beschwerde für Nebenentscheidungen, z. B. Entscheidungen in der Prozesskostenhilfe.

Die Frist zur Einlegung der sofortigen Beschwerde über die Bewilligung von Prozesskostenhilfe beträgt einen Monat statt der üblichen zwei Wochen.

Die Entscheidung über den Auflösungsbeschluss (Vorabentscheidung über die Scheidung, wenn Folgesachen zu verhandeln sind) ist verfahrensmäßig dem Urteil über den Scheidungsantrag zugeordnet. Ergeht ein Beschluss (was nicht notwendig ist), so ist er nicht selbstständig anfechtbar. Dies gilt auch für die Ablehnung der Abtrennung oder die Zurückweisung eines hierauf gerichteten Antrags. Die unzulässige Abtrennung geht man mit der Berufung oder Revision des Scheidungssausspruchs an, mit dem Ziel einer Wiederherstellung des Verbundes.

 Wie Sie sehen, bedarf es bei der Entscheidung, ob und vor allem welches Rechtsmittel für welchen Bereich der mit einer Scheidung in Zusammenhang stehenden Angelegenheiten eingelegt werden soll, anwaltlicher Unterstützung. Die finanziellen Konsequenzen, die Sie aufgrund einer diesbezüglichen Fehlentscheidung zu tragen hätten, können leicht mal die Kosten, die durch die Beauftragung eines Rechtsanwalts entstehen, übersteigen!

 Sozialrechtliche Auswirkungen der Trennung/Scheidung
Häufig führen die Trennung und Scheidung zur Verschlechterung der wirtschaftlichen Situation eines oder beider Ehepartner. Diese Verschlechterung kann dazu führen, dass Sie oder Ihr Ehepartner auf Sozialleistungen angewiesen sind.

Aus diesem Grunde stellen wir Ihnen an dieser Stelle kurz die in der Praxis am häufigsten vorkommenden sozialrechtlichen Probleme dar.

Wie bereits oben erwähnt, wird u. a. hinsichtlich der gesetzlichen Rentenversicherung und der so genannten Riester-Rente von Amts wegen der Versorgungsausgleich durchgeführt.

Die Höhe Ihrer und die Ihres Ehegatten erworbenen Rentenanwartschaften während der Ehezeit wird Ihnen in den Auskünften der Rentenversicherungsträgern mitgeteilt, und zwar in so genannten Entgeltpunkten (EP). Um dann den schlussendlichen Wert der Rente ermitteln zu können, müssen die EPs mit dem aktuellen Rentenwert multipliziert werden. Dieser Wert ändert sich jährlich.

Für die Gewährung einer Geldrente müssen mindestens fünf Jahre Pflichtversicherungszeiten vorliegen. Da für Kinder, die vor dem 1. 1. 1992 geboren wurden, pro Kind lediglich nur ein Jahr Pflichtversicherungszeit angerechnet wird, müssen Sie mindestens fünf

Kinder großgezogen haben, um ausschließlich aufgrund Kindererziehung eine Geldrente beziehen zu können!

Sollten Sie oder Ihr Ehepartner zum Zeitpunkt der Trennung in absehbarer Zeit in Rente gehen, so ist unbedingt an die Möglichkeit des so genannten Rentnerprivilegs zu denken.

Beispiel *Sie sind 42 und Ihr Ehepartner 64 Jahre alt. Ihr Ehepartner hat während der Ehezeit erheblich höhere Anwartschaften erworben als Sie. Am 1. 10. 2008 wird Ihr Ehepartner pensioniert und bezieht Rente. Das Trennungsjahr ist am 1. 8. 2008 abgelaufen und Sie könnten bereits zu diesem Zeitpunkt geschieden werden, da Sie sich über sämtliche Folgesachen geeinigt haben. In einem solchen Fall ist es sinnvoll, die Ehescheidung nicht vor dem 1. 10. 2008 rechtskräftig werden zu lassen.*
Warum? Vor dem 1. 10. 2008 ist Ihr Ehepartner noch erwerbstätig und der Versorgungsausgleich wird – wie oben dargestellt – anhand von Übertragung der Anwartschaften vom Rentenkonto Ihres Ehemanns auf Ihr Rentenkonto übertragen. Dies führt dazu, dass bei Rentenbeginn Ihres Ehepartners die Rente um diese Anwartschaften bereits gekürzt wird. Da Sie jedoch erst in über 20 Jahren in Rente gehen werden, haben Sie davon zum jetzigen Zeitpunkt nichts!
Im Gegenteil: Ihr Ehepartner erhält nunmehr eine gekürzte Rente, was dazu führen kann, dass Ihr Unterhaltsanspruch auch geringer ausfallen wird.
*Wird jedoch die Ehescheidung erst nach dem Rentenbeginn Ihres Ehepartners rechtskräftig, d. h. er bezieht bereits Rente, dann findet die Übertragung der Anwartschaften erst im Falle **Ihres** Rentenbeginns, somit in über 20 Jahren statt!*
Im Ergebnis erhält Ihr Partner nun seine volle Rente, was wiederum Ihnen zugute kommt, da die Einkünfte Ihres Partners und somit auch Ihr eventueller Unterhalt höher ausfallen.

Der Ehevertrag und die Getrenntleben- und Scheidungsfolgenvereinbarung

Neben einer Vielzahl von Vertragsgestaltungsmöglichkeiten im Familienrecht gehören zu den in der Praxis gängigsten der Ehevertrag und die Getrenntleben- und Scheidungsfolgenvereinbarung.

Der Ehevertrag

Eheverträge können Sie vor wie auch während der Ehe mit Ihrem Partner abschließen. Eheverträge sind formbedürftig und müssen bei gleichzeitiger Anwesenheit beider Eheleute zur Niederschrift eines Notars geschlossen werden.

Wie bei allen anderen notariellen Beurkundungen auch, müssen Sie und Ihr Ehepartner nicht höchstpersönlich anwesend sein. Es genügt, wenn Sie und Ihr Partner ordnungsgemäß vertreten werden, d.h. durch einen Bevollmächtigten oder vollmachtlosen Vertreter, wobei im letzten Fall der Vertrag nachträglich genehmigt werden muss.

In einem Ehevertrag können Sie zahlreiche Punkte mit Ihrem Partner regeln.

Allgemeine Ehewirkungen

Hierunter fallen Familienunterhalt (wie viel Taschengeld steht Ihnen während der Ehe zu), Vermögensbildung (wer bekommt welches Aktienpaket), Altersvorsorge (wer bekommt welche Lebensversicherung), Rechtsgeschäfte des täglichen Lebens (darf der eine für den anderen und vor allem in welchem Umfange handeln) sowie das eheliche Zusammenleben (wenn möglich zu vermeiden, da das Zusammenleben in der Regel bei glücklichen Paaren keinen Regelungsbedarf haben sollte!). Schließlich können auch Fragen zum Hausrat oder zum Steuerrecht geregelt werden.

Güterrecht

Hier gilt die grundsätzliche Vertragsfreiheit am weitesten. Dies bedeutet, dass die Eheleute nicht nur die Güterstände „Gütertrennung" und „Gütergemeinschaft" vereinbaren, sondern auch den gesetzlichen Güterstand der „Zugewinngemeinschaft" modifizieren können (Näheres zum Güterrecht auf S. 78 f.).

Versorgungsausgleich
Hier müssen Sie die gesetzliche Sperrfrist beachten: Haben Sie mit Ihrem Partner vertraglich den Versorgungsausgleich ausgeschlossen, ist diese Vereinbarung unwirksam, wenn Sie innerhalb eines Jahres nach Vertragsschluss Antrag auf Ehescheidung stellen. Die Sperrfrist endet mit Zustellung des Scheidungsantrags an Ihren Ehepartner.

Unterhalt/Sorgerecht
Vereinbarungen über den Ehegatten- und Kindesunterhalt unterliegen seit dem Urteil des Bundesgerichtshofs (BGH) vom 11.2.2004 einer Wirksamkeits- und Ausübungskontrolle. Aus diesem Grunde sollte bereits bei Abschluss des Vertrags vor dem Notar die vom BGH vorgegebenen strengen Anforderungen berücksichtigt werden.

Auch hier gilt: Lieber vor Vertragsabschluss ein paar Euro in die Beratung eines Rechtsanwalts investieren, als sich später kostenintensiven Anfechtungsklagen aussetzen!

Wie Sie sehen, ist es durchaus möglich, dass Sie mit Ihrem Ehepartner zum Zeitpunkt der Scheidung bereits durch Ehevertrag die wichtigsten Folgesachen geregelt haben. Aus diesem Grunde ist es wichtig, dass, sollten Sie einen Rechtsanwalt aufsuchen, Sie diesen hierüber informieren, damit er den Vertrag entsprechend im Scheidungsverfahren berücksichtigen kann (s. hierzu auch die Checkliste am Ende dieses Büchleins).

Die Getrenntleben- und Scheidungsfolgenvereinbarung
Warum bzw. wann brauchen Sie eine solche Vereinbarung? Leben Sie mit Ihrem Partner „einvernehmlich" getrennt, d.h. Sie haben sämtliche zu klärenden Punkte, wie Unterhalt, Umgangsrecht, vorläufige Hausratsaufteilung etc. mit Ihrem Partner geregelt und dieser

hält sich auch daran, dann benötigen Sie natürlich keine schriftliche Vereinbarung.

Tritt allerdings der – leider nicht sehr seltene – Fall ein, dass man sich über nichts mehr einigen kann, so ist eine schriftliche Fixierung der wesentlichen Punkte für ein funktionierendes Getrenntleben anzuraten.

Für die Vereinbarung von Getrenntleben- und Scheidungsfolgenvereinbarungen gelten grundsätzlich keine Formvorschriften.

Ausgenommen von dieser Formfreiheit sind jedoch Vereinbarungen über den Versorgungsausgleich und den Unterhalt, die vor Rechtskraft der Ehescheidung getroffen werden. Sie müssen notariell beurkundet werden. Die Beurkundung kann allerdings auch bei einem gerichtlichen Vergleich durch die Aufnahme der Erklärung in das gerichtliche Protokoll – was in der Praxis recht häufig vorkommt – ersetzt werden. Allerdings ist auch hier wieder zu beachten, dass nicht nur Sie, sondern auch Ihr Ehepartner anwaltlich vertreten sein müssen!

Vereinbarungen, die die Eheleute während eines Verfahrens, welches auf die Scheidung der Ehe gerichtet ist, für den Fall der Ehescheidung über den Ausgleich von Zugewinn treffen, müssen gleichsam notariell beurkundet bzw. ins gerichtliche Protokoll mit aufgenommen werden.

In Getrenntleben- und Scheidungsfolgenvereinbarungen werden in der Regel folgende Gegenstände geregelt:

■ Elterliche Sorge,

■ Auseinandersetzung über das eheliche Vermögen (Wertpapiere, Grundbesitz etc.),

■ Klärung über gemeinsame Bankkonten, Aufteilung des Hausrats, Zuweisung der ehelichen Wohnung sowie gemeinsame Verbindlichkeiten,

- Güterstand: Hier müssen Sie beachten, dass – sollten Sie mit Ihrem Ehepartner lediglich vereinbart haben, dass der gesetzliche Güterstand ausgeschlossen ist – automatisch der Güterstand der Gütertrennung eintritt,

- Versorgungsausgleich.

Die Familienmediation

Sollten Sie oder Ihr Partner trotz der Trennung und bevorstehenden Scheidung noch in der Lage sein, die vorhandenen Streitpunkte zwischen Ihnen gemeinsam und einvernehmlich unter Berücksichtigung der Interessen beider Seiten zu regeln, so ist für Sie die Durchführung eines außergerichtlichen Mediationsverfahrens sicherlich sinnvoll.

In der Praxis findet ein solches Verfahren überwiegend für die Konfliktlösung bei Fragen zur elterlichen Sorge und dem Umgang mit gemeinsamen Kindern Anwendung.

Ziel eines Mediationsverfahrens sollte sein, dass Sie mit Ihrem Partner die Konflikte offen und ehrlich besprechen, um somit eine verbindliche Regelung der Streitpunkte zu ermöglichen.

Hierbei ist Grundvoraussetzung, dass Sie und Ihr Partner alle erforderlichen Informationen zum jeweiligen Streitpunkt offenlegen.

Ein Mediationsverfahren ersetzt nicht ein streitiges Verfahren vor Gericht, bei dem das Taktieren der Parteien bezüglich Anträgen, Informationen etc. zum Alltag gehört! Bei der Mediation wird nicht gestritten, sondern es werden gemeinsam Lösungen erarbeitet!

Welche Streitpunkte Sie erörtern wollen, steht Ihnen frei. Unterstützt werden Sie hierbei durch einen Mediator oder eine Mediatorin, die Ihnen helfen, eine kooperative und eigenverantwortliche Lösung zu erarbeiten. Hierbei achtet er/sie darauf, dass beide Partner ihre Interessen im gleichen Maße vertreten können und – vor allem – die Bedürfnisse Ihrer Kinder ausreichend Berücksichtigung finden.

Mediatoren und Mediatorinnen können Angehörige psychosozialer, (sozial-)pädagogischer oder juristischer Berufe und Rechtsanwälte und Rechtsanwältinnen sein. Auskunft über einen im Familienrecht spezialisierten Mediator in Ihrer Nähe kann Ihnen die zuständige Rechtsanwaltskammer erteilen.

Aber auch die Jugendämter stehen für die Trennungskonflikte betroffener Kinder und Jugendlicher in Form von präventiver und mediativer Gestaltung von bspw. Umgangsrechten der Eltern vermehrt zur Verfügung und sind nicht mehr nur als reine Zuarbeiter für das Familiengericht tätig.

Abschließend sei nochmals ausdrücklich darauf hingewiesen, dass die Mediation nicht die Rechtsberatung ersetzt!

Daher kann es durchaus sein, dass es je nach Sachlage im Verlauf einer Mediation neben, aber zumindest vor Abschluss einer Vereinbarung notwendig sein kann, dass Sie und Ihr Partner eine Rechtsberatung oder sonstige Fachberatung in Anspruch nehmen.

Im Idealfall haben Sie mit Ihrem Partner im Rahmen einer Mediation sämtliche im Zusammenhang mit der Ehescheidung stehenden Angelegenheiten besprochen und eine Einigung erzielt, die im Anschluss daran Ihr Rechtsanwalt nur noch in die entsprechende juristische Form bringen muss, damit die Vereinbarung vor Gericht protokolliert werden kann.

Bitte vergessen Sie auch nicht, dass der Mediator Sie beide so beraten hat, dass etwaige Streitpunkte beigelegt worden sind.

Sie sollten, wenn es sich bei dem Mediator um einen Rechtsanwalt handelt, eine Überprüfung Ihrer Standpunkte und der getroffenen Vereinbarungen von einem anderen Anwalt, der nämlich nur noch Ihre Interessen vertritt, kurz überprüfen lassen. Ein Mediator ist unparteiisch, Ihr Anwalt ist immer verpflichtet, für Sie das Bestmögliche herauszuholen.

Dies bedeutet natürlich nicht, dass Sie das begrabene Kriegsbeil ausgraben sollen, es soll nur bedeuten, dass Sie sich noch einmal durch eine unparteiische Person vor Augen führen lassen, dass das, was Sie nun entschieden haben und zu Papier bringen wollen, auch Ihren Rechten entspricht. Wenn Sie dann auf einige Teile Ihrer Rechte verzichten sollten, so ist es auch gut.

Die eingetragene Lebenspartnerschaft

Obgleich Sie das Gesetz zur Beendigung der Diskriminierung gleichgeschlechtlicher Gemeinschaften, das Lebenspartnerschaftsgesetz (LPartG), vergeblich auf der Homepage des Bundesministeriums für Familie u. a. suchen werden, existiert es nunmehr seit August 2001.

Damit dürfte durch die Bundesregierung deutlich gemacht sein, warum sie ein eigenständiges Rechtsinstitut, die „eingetragene Lebenspartnerschaft" geschaffen und nicht die bereits bestehenden Vorschriften für die Ehe für Homosexuelle geöffnet hat.

Das Grundgesetz regelt u. a., dass Ehe und Familie unter dem besonderen Schutz der staatlichen Ordnung stehen. Dieser Schutz umfasst die auf Dauer angelegte Lebensgemeinschaft zwischen einem **Mann** und einer **Frau**, auch zum Zweck, **gemeinsame Kinder** zu haben und zu erziehen.

Diese Definition passte offensichtlich nach Ansicht der Bundesregierung nicht auf die Lebenspartnerschaft, so dass sie ein eigenes Rechtsinstitut hierfür schuf.

Der Gesetzgeber war bei der Schaffung des Rechtsinstituts nachdrücklich bemüht, durch neue Wortschöpfungen eine völlige Gleichstellung mit der „klassischen" Ehe zu vermeiden, wie im Nachfolgenden zu ersehen ist:

Lebenspartnerschaft	= Ehe
Begründung der Lebenspartnerschaft	= Eheschließung
Lebenspartnerschaftsname	= Ehename
Partnerschaftliche Lebensgemeinschaft	= eheliche Lebensgemeinschaft
Gemeinsame Wohnung	= Ehewohnung
Partnerschaftsvertrag	= Ehevertrag
Vermögensstand	= Güterstand
Vermögenstrennung	= Gütertrennung
Ausgleichsgemeinschaft	= Zugewinngemeinschaft
Überschuss	= Zugewinn
Geschenke zur Begründung der Lebens-partnerschaft	= Hochzeitsgeschenke

Form und Voraussetzung der Eintragung

Voraussetzungen für die Begründung einer Lebenspartnerschaft ist, dass beide Lebenspartner gleichen Geschlechts sind und dass Sie bei gleichzeitiger Anwesenheit beide persönlich erklären, miteinander eine Partnerschaft auf Lebenszeit führen zu wollen.

Diese Erklärung müssen Sie vor der zuständigen Behörde gemeinsam mit Ihrem Lebenspartner abgeben. Darüber hinaus müssen Sie und Ihr Partner Ihren Vermögensstand wählen und dies der zuständigen Behörde mitteilen.

Die Begründung einer Lebenspartnerschaft ist ausgeschlossen, wenn

■ Sie oder Ihr Partner minderjährig oder verheiratet sind oder bereits mit einer anderen Person eine Lebenspartnerschaft führen,

■ Sie mit Ihrem Partner in gerader Linie miteinander verwandt sind (Personen, deren eine von der anderen abstammt, sind in gerader Linie verwandt, z. B. Vater–Sohn, Großvater–Enkel),

■ Sie und Ihr Partner vollbürtige oder halbbürtige Geschwister sind (beide Elternteile sind identisch oder auch nur ein Elternteil).

■ Sollten Sie und Ihr Partner bei der Begründung der Lebenspartnerschaft sich darüber einig sein, keine Verpflichtungen begründen zu wollen (Scheinpartnerschaft). Im Gesetz ist ausdrücklich festgelegt, dass Sie und Ihr Lebenspartner einander zur Fürsorge und Unterstützung sowie zur gemeinsamen Lebensgestaltung verpflichtet sind und Sie füreinander Verantwortung zu tragen haben. Sollten Sie das nicht wollen, so liegt eine Scheinpartnerschaft vor.

Im Gegensatz zur Eheschließung, für die in jedem Bundesland dieselbe Behörde, das Standesamt, zuständig ist, sind die Zuständigkeiten für die Begründung der Lebenspartnerschaft in den Bundesländern unterschiedlich geregelt. Dies bedeutet, dass bspw. in Bayern die zuständige Behörde ein Notar mit Amtssitz in Bayern ist und in Schleswig-Holstein der/die Standesbeamte(in).

Grundsätzlich benötigen Sie für die Eintragung – wie auch für die Eheschließung an sich – keinen Rechtsanwalt. Im Rahmen der Begründung der Lebenspartnerschaft – bspw. bei Abschluss eines Partnerschaftsvertrages – ist die Beratung durch einen Rechtsanwalt jedoch dringend zu empfehlen.

Sollten Sie die Eintragung der Lebenspartnerschaft in Eigenregie durchführen wollen, so stellen wir Ihnen anhand eines Beispiels kurz dar, welche Unterlagen und Voraussetzungen für Ihre Eintragung erforderlich sind.

Beispiel *Sie haben Ihren Hauptwohnsitz in Köln, sind volljährig, besitzen die deutsche Staatsangehörigkeit und sind bzw. waren noch nicht verheiratet oder verpartnert, dann benötigen Sie folgende Unterlagen:*

■ *Personalausweis oder Reisepass,*

■ *Aktuelle beglaubigte Abschrift aus dem Familienbuch der Eltern, wenn diese nach dem 1.1.1958 in den alten Bundesländern geheiratet haben. Das Familienbuch ist* **nicht** *das Familienstammbuch, was fast jeder zu Hause hat. Das Familienbuch befindet sich beim Standesamt am Wohnort der Eltern.*

- *Haben die Eltern vor dem 1. 1. 1958 oder vor dem 3. 10. 1990 in der DDR geheiratet, so wird eine neue Abstammungsurkunde vom Geburtsstandesamt benötigt. Eine solche ist auch erforderlich, wenn einer der Partner adoptiert wurde.*

- *Sollte Ihre deutsche Staatsbürgerschaft nicht seit Geburt bestehen, so ist die Einbürgerungsurkunde vorzulegen.*

- *Möchten Sie, dass Ihr eventuell vorhandener akademischer Grad im Partnerschaftsbuch eingetragen wird, so müssen Sie bspw. das Original Ihrer Promotions- oder Diplomurkunde vorlegen.*

- *Wollen Sie den Namen Ihres Partners annehmen und benötigen Sie somit einen neuen Personalausweis oder Reisepass, müssen Sie noch ein Passfoto vorlegen.*

Einige Besonderheiten, die die Vorlage von weiteren Unterlagen erforderlich macht: Ist Ihr Hauptwohnsitz nicht in Köln, muss die Meldebescheinigung des Hauptwohnsitzes vorgelegt werden. Waren Sie bereits verheiratet oder verpartnert benötigen Sie eine beglaubigte Abschrift aus dem Familienbuch der letzten Ehe/Partnerschaft mit Auflösungsvermerk, ggfs. Bescheinigung über eine namensrechtliche Änderung. Dies gilt selbstverständlich für alle vorherigen Ehescheidungen bzw. Aufhebungen der Lebenspartnerschaft.

Die Abschrift aus dem Familienbuch ist bei Ehescheidung bis 1998 in der Regel beim Standesamt am Wohnort des Mannes zum Zeitpunkt der Scheidung erhältlich, bei Scheidung nach 1999 in der Regel beim Standesamt des letzten gemeinsamen Wohnortes der Ehegatten und bei Auflösung der Ehe durch Tod beim Standesamt des lebenden Ehegatten.

Die Konsequenzen des eingetragenen Zusammenlebens
Wie bereits oben erwähnt, steht die gemeinsame Lebensgestaltung und damit die wechselseitige Fürsorgepflicht von Ihnen und Ihrem Partner im Vordergrund. Diese Fürsorgepflicht äußert sich auch in der gegenseitigen gesetzlichen Unterhaltspflicht.

Die Vermögensregelung ist eine weitere Folge der Eintragung. Im Gesetz ist festgelegt, dass Sie und Ihr Lebenspartner in der Vermögensstandserklärung angeben müssen, ob Sie die Ausgleichsgemeinschaft (ehelich: Zugewinngemeinschaft) vereinbaren wollen oder einen Lebenspartnerschaftsvertrag abgeschlossen haben.

Haben Sie und Ihr Partner nichts vereinbart bzw. diesbezüglich erklärt, so gilt der Vermögensstand der Vermögenstrennung.

Weitere Folgen der eingetragenen Lebenspartnerschaft sind:

■ Die Lebenspartner können einen gemeinsamen Namen bestimmen.

■ Die Lebenspartner gelten als Familienangehöriger. Dies ist insbesondere erbrechtlich von Relevanz. An dieser Stelle dürfen wir Sie auf das gleichfalls in der Reihe „Lenßen erklärt's" erschienene Büchlein „Testament und Erbschaft" verweisen.

■ Der Lebenspartner, dem ein Kind sorgerechtlich zugeordnet ist, kann dem anderen das so genannte „kleine Sorgerecht" einräumen.

Beendigung der Lebenspartnerschaft
Auch hier ist ein förmliches Getrenntleben der Lebenspartner Voraussetzung, allerdings ist der Begriff „Getrenntleben" im LPartG im Gegensatz zum Ehescheidungsrecht (BGB) nicht zu finden.

Die eingetragene Lebenspartnerschaft wird auf Antrag eines oder beider Lebenspartner durch gerichtliches Urteil aufgehoben, wobei Aufhebung hier gleichzusetzen ist mit Ehescheidung. Zuständig für das Verfahren sind die Familiengerichte und es besteht Anwaltszwang.

Das Procedere der Aufhebung unterscheidet sich von dem der Ehescheidung im Wesentlichen darin, dass im Scheidungsverfahren die Parteien – in der Regel – ein Jahr getrennt leben müssen und es im Anschluss daran zur Ehescheidung kommt. Bei der Lebenspartnerschaft hingegen müssen Sie und Ihr Partner zunächst die Erklärung abgeben, die Lebenspartnerschaft nicht fortsetzen zu wollen. Nach Einhaltung der Wartefrist (s. unten) erfolgt dann die Aufhebung der Lebenspartnerschaft.

Sie und Ihr Partner müssen sämtliche Erklärungen persönlich abgeben. Darüber hinaus müssen diese Erklärungen auch öffentlich beurkundet werden.

Das LPartG kennt folgende Wartefristen:

- 12 Monate, wenn zwischen den Partnern Einverständnis besteht,

- 36 Monate, wenn der eine Partner sich gegen die Aufhebung wehrt,

- eine kürzere Zeit nur, wenn ein so genannter Härtefall vorliegt. Die Kriterien, ob ein Härtefall vorliegt oder nicht, orientieren sich an denen im Scheidungsrecht.

Zum Schluss noch die Gemeinsamkeiten zwischen der klassischen Ehe und der eingetragenen Lebenspartnerschaft:

- Fürsorge und Unterstützung der Partner füreinander sowie die gegenseitige Verantwortung,

- Führung des gemeinsamen Namens,

- gegenseitige Verpflichtung, zum gemeinsamen Lebensunterhalt beizutragen, somit auch zum Unterhalt nach Trennung. Durch die Unterhaltsreform vom 1.1.2008 wurden die Unterhaltsansprüche durch entsprechenden Verweis auf das Bürgerliche Gesetzbuch denen im Eherecht angepasst!

- Güterstand wie bspw. der gesetzliche Güterstand der Zugewinngemeinschaft und die Schlüsselgewalt (Geschäfte zur Deckung des angemessenen gemeinsamen Lebensbedarfs auch zu Lasten des anderen).

- Sorgerecht (bringt ein gleichgeschlechtlicher Partner ein Kind in die Partnerschaft mit, so hat der andere ein Mitbestimmungsrecht für die Angelegenheiten des täglichen Lebens).

- Erbrecht, wie bspw. das pauschale Viertel als Zugewinnausgleich.

- Ehescheidung wie auch Aufhebung der Lebenspartnerschaft erfolgen durch Urteil. Allerdings muss der Richter im Gegensatz zur Ehe nicht das „Scheitern" der Partnerschaft feststellen. Dies bedeutet, dass die Lebenspartner nicht zwingend vor der Aufhebung der Partnerschaft getrennt gelebt haben oder noch getrennt leben. Das Gericht ist somit auch nicht befugt, die Partner nach den Gründen für die Aufhebung zu fragen. Beide Partner können ihre Erklärungen bis zur Aufhebung frei, aber wiederum nur in öffentlich beurkundeter Form widerrufen.

- Anwaltszwang besteht laut Gesetz auch für die Aufhebung einer Lebenspartnerschaft und die damit verbundenen Folgesachen. Ohne einen Rechtsanwalt können vor Gericht keine wirksamen Handlungen vorgenommen werden.

- Ist kein Verfahren zur Aufhebung der Lebenspartnerschaft anhängig, so besteht für Unterhaltsstreitigkeiten der Anwaltszwang nur in zweiter und dritter Instanz. Bei Verfahren bezüglich Hausrat und Wohnung besteht ohne anhängiges Aufhebungsverfahren in keiner Instanz ein Anwaltszwang.

- Mietrecht, wenn bspw. ein Partner verstirbt, tritt der andere in das Mietverhältnis automatisch ein, wenn er mit dem Verstorbenen einen gemeinsamen Haushalt geführt hat.

- Zeugnisverweigerungsrecht in Straf- und Zivilprozessen.

Unterhalt

Zu den Folgesachen nach bzw. bei der Ehescheidung gehört überwiegend die Geltendmachung von Ehegattenunterhalt und/oder Kindesunterhalt.

Das neue Unterhaltsrecht bringt erhebliche Änderungen mit sich. Wie sich diese Änderungen in der Praxis auswirken werden, werden die nächsten ein bis zwei Jahre zeigen. In dieser Zeit werden die Gerichte Urteile auf Basis des neuen Unterhaltsrechts verkünden, die dann für Sie und Ihren Rechtsvertreter eine Orientierungshilfe darstellen können.

Die wesentlichen Neuerungen sollen Ihnen im Nachfolgenden anhand von kleineren Beispielen gesammelt vorgestellt werden.

Die Unterhaltsrechtsreform stellt einen wichtigen Schritt hin zu einer moderneren Familienpolitik dar.

Die veränderte Rollenverteilung innerhalb der Ehe – immer mehr Frauen arbeiten trotz Kinder in Teil- bzw. sogar Vollzeit – wie auch eine recht hohe Scheidungsrate haben in der Vergangenheit dazu geführt, dass neue Familienformen – Patchwork-Familien – entstanden sind.

Die Änderung des Unterhaltsrechts soll nun auf diesen Wandel eingehen, ob dies gelungen ist, wird – wie bereits oben erwähnt – die Zukunft zeigen.

Das Unterhaltsrecht war und ist der Kernbereich des Familienrechts, da es hier um das finanzielle Einstehen füreinander, die Solidarität zwischen Eltern und Kindern und die Übernahme von Verantwortung zwischen den Ehegatten und unverheirateten Elternteilen geht.

In erster Linie sollen die Kinder vom neuen Unterhaltsrecht profitieren. Dies wird deutlich durch die veränderte Rangstellung. Kinder stehen seit 1.1.2008 innerhalb der Rangfolge der Unterhaltsberechtigten **allein** an erster Stelle. Dies war in der Vergangenheit anders: Früher teilten sich die Kinder mit dem Ehegatten den ersten Platz!

Auf den so genannten Rang kommt es immer dann an, wenn nicht für alle genügend Geld da ist.

Durch die alleinige Positionierung der Kinder auf Rang 1 sind diese die eigentlichen Gewinner der Reform. Sie bekommen – auch wenn nur wenig Geld da ist – so viel Unterhalt wie möglich.

Eine weitere erfreuliche Neuerung ist, dass hinsichtlich der Dauer des Betreuungsunterhalts Mütter und Väter, die ihr Kind betreuen, gleich behandelt werden, und zwar unabhängig davon, ob Sie verheiratet waren oder nicht.

Allerdings wird der Betreuungsunterhalt nur noch für die ersten drei Lebensjahre des Kindes zu zahlen sein. Eine Verlängerung sieht zwar das Gesetz vor, hat aber für die Beurteilung, wann eine solche Verlängerung möglich ist oder nicht, mal wieder eine Formulierung gewählt („wenn es der Billigkeit entspricht") die viel Platz für Interpretationen lässt. Auch hier heißt es wieder abwarten, welche Maßstäbe die Familiengerichte hierfür entwickeln werden.

Eine grobe Orientierung können die Belange des Kindes oder die nacheheliche Solidarität aufgrund der Rollenverteilung und der Ausgestaltung der Kinderbetreuung sein.

Eine weitere erfreuliche Neuerung im Unterhaltsrecht ist, dass die Ehepartner nach der Scheidung verstärkt eigenverantwortlich für ihren Lebensunterhalt zu sorgen haben. Die Ehe als eine Art von garantierter Lebensversicherung gehört dann der Vergangenheit an.

Die Lebensstandardgarantie wird es wohl zukünftig nur noch in sehr wenigen Fällen geben. Wo **keine** ehebedingten Nachteile, also solche, die unmittelbar im Zusammenhang mit der Ehezeit stehen, den Unterhaltsfordernden beeinträchtigen, wird der Unterhalt zeitlich und der Höhe nach begrenzt werden.

Kümmern Sie sich rechtzeitig – auch schon während der Trennungszeit – um eine geeignete Erwerbsmöglichkeit, damit Sie im Falle der Scheidung weitestgehend selbst für Ihren Lebensunterhalt sorgen können!

Im Nachfolgenden werden Ihnen die verschiedenen Formen von Unterhalt vorgestellt.

Grundsätzlich sind hinsichtlich des Ehegattenunterhalts drei verschiedene Ansprüche auf Unterhalt, die durch die Eheschließung begründet werden, voneinander zu unterscheiden: Familienunterhalt, Trennungsunterhalt und nachehelicher Unterhalt.

Familienunterhalt

Sie haben Anspruch auf Familienunterhalt, wenn die Ehe noch besteht und Sie eine Lebensgemeinschaft mit Ihrem Ehepartner führen.

Der Gesetzgeber hat festgelegt, dass Sie und Ihr Ehepartner wechselseitig verpflichtet sind, entweder durch Ihre Arbeit – beispielsweise durch Führung des Haushalts und/oder Kinderbetreuung/erziehung – oder durch ihr Vermögen die Familie angemessen zu unterhalten. Dies bedeutet, dass in einer so genannten „Haushaltsführungsehe" der eine Ehegatte durch seine Berufstätigkeit und der andere durch Führung des Haushalts **gleichwertig** zum gemeinsamen Lebensunterhalt beitragen.

In der Praxis spielt allerdings die Geltendmachung von Ansprüchen auf Familienunterhalt eher eine untergeordnete Rolle, da in der Regel innerhalb einer intakten Ehe weder Sie noch Ihr Ehepartner voneinander Unterhalt beanspruchen würden.

Unterhalt spielt daher in den überwiegenden Fällen immer erst dann eine Rolle, wenn es kracht und Sie sich von Ihrem Partner trennen wollen.

Der Trennungsunterhalt
Das oben geschilderte Pflichtenverhältnis zwischen Eheleuten wird zwar durch eine Trennung der Ehepartner abgeändert, jedoch nicht beendet.

Trennen Sie sich von Ihrem Ehepartner, können Sie von Ihrem Partner nach den Lebensverhältnissen und den Erwerbs- und Vermögensverhältnissen Ihres Ehepartners angemessenen Unterhalt verlangen.

Ein Anspruch auf Trennungsunterhalt entsteht unabhängig vom Güterstand der Eheleute, d.h. es ist völlig unerheblich, ob Sie mit Ihrem Partner in der gesetzlichen Zugewinngemeinschaft oder Gütertrennung bzw. -gemeinschaft leben.

Die Frage, ob Sie oder Ihr Partner die Trennung verschuldet hat, ist nicht relevant.

Voraussetzungen für Trennungsunterhalt
Die Ehe muss, zumindest formal, noch bestehen (Dies ist eine deutliche Abgrenzung zum nachehelichen Unterhalt: Hier besteht die Ehe nicht mehr!)

Zudem müssen Sie von Ihrem Ehepartner getrennt leben.

Maßgeblich ist, dass Sie sich von Ihrem Partner trennen wollen, d.h. dass eine lediglich vorübergehende räumliche Trennung (bspw. durch Auslands- oder Strafhaftaufenthalt eines Ehepartners) nicht ausreicht und zum anderen eine spätere Ehescheidung nicht zwingend erforderlich ist.

Bedürftigkeit
Um Unterhalt verlangen zu können, muss auch Bedürftigkeit vorliegen.

Bedürftig ist ein Ehepartner dann, wenn er nicht in der Lage ist, seinen Bedarf, welcher sich in der Regel nach den Einkommens- und Vermögensverhältnissen der Eheleute während des Zusammenlebens richtet, selbstständig zu decken.

Zu erwähnen sind in diesem Zusammenhang noch weitere Besonderheiten.

Mehrbedarf und Sonderbedarf

Einen **Mehrbedarf** haben Sie als bedürftiger Ehepartner dann, wenn Sie regelmäßig besondere Aufwendungen haben, die nicht unter den üblichen alltäglichen Bedarf fallen und Sie finanziell mehr belasten. Dies kommt in der Regel bei Krankheit, Unfall, Alter, Pflegebedürftigkeit, Gebrechlichkeit oder aufgrund einer Aus- oder Fortbildung bzw. Umschulung in Betracht.

Der **trennungsbedingte Mehrbedarf** beinhaltet die Kosten (für eine neue Wohnung, wegen getrennter Haushaltsführung), welche Ihnen aufgrund der Trennung von Ihrem Partner entstehen. Der trennungsbedingte Mehrbedarf findet allerdings nur noch in wenigen Fällen Anwendung.

Der **Sonderbedarf** (unregelmäßiger und außergewöhnlicher Bedarf) unterscheidet sich vom Mehrbedarf dahingehend, dass Sie neben dem laufenden Unterhalt auch Anspruch auf Zahlung einmaliger Aufwendungen haben, wie z. B. für die Anschaffung einer Säuglingserstausstattung.

Erwerbstätigkeit

In der Regel ist vom unterhaltsbegehrenden Ehepartner vor Ablauf des Trennungsjahres die Aufnahme einer Erwerbstätigkeit nicht zu erwarten.

Allerdings gibt es auch hier – wie so oft – Ausnahmen. Ab wann der Partner, welcher Unterhalt vom anderen fordert, wieder eine Erwerbstätigkeit aufnehmen muss, lässt sich allgemein nicht festlegen.

Es kommt hier auf den Einzelfall an. Bei der Beantwortung der Frage: „Besteht die Pflicht zur Aufnahme einer Erwerbstätigkeit"? spielen insbesondere die Dauer der Ehe, der Trennungszeit, der Nichtausübung einer Erwerbstätigkeit seitens des unterhaltsfordernden Ehepartners sowie dessen Lebensalter eine Rolle.

Grundsätzlich gilt: Je verfestigter die Trennung ist und je näher die Ehescheidung rückt, umso höher ist die Verpflichtung, einer Erwerbstätigkeit nachzugehen!

Da grundsätzlich immer derjenige, der Unterhalt verlangt, seine Bedürftigkeit darlegen und beweisen muss, sollten Sie rechtzeitig Bemühungen anstellen, eine Erwerbstätigkeit zu finden und entsprechende Nachweise hierüber zu sammeln!

Kein Anspruch auf Trennungsunterhalt

Der Anspruch auf Trennungsunterhalt kann teilweise oder gar ganz ausgeschlossen sein. Dies ist beispielsweise dann der Fall, wenn Sie eine längere Zeit nach der Trennung Unterhalt nicht geltend gemacht haben.

Beispiel *Fordern Sie von Ihrem Partner Unterhalt im August 2008 für den Zeitraum 1.6.2007 bis 31.7.2008, so werden Sie diesen nicht bekommen. Unterhalt für die Zeit nach dem 31.7.2008 können Sie – vorausgesetzt, er wurde ordnungsgemäß angefordert – verlangen. Grund warum Sie den Unterhalt für die Vergangenheit nicht bekommen ist, dass zum einen von Ihnen erwartet werden kann, dass Sie zeitnah Ihren Unterhalt geltend machen und zum anderen soll dadurch verhindert werden, dass derjenige, der Unterhalt zu zahlen hat, nun vor einem Schuldenberg aufgrund des aufgelaufenen Unterhaltsrückstandes steht.*

Der Anspruch auf Trennungsunterhalt erlischt schließlich, wenn Sie sich mit Ihrem Partner wieder versöhnen und diese Versöhnung über einen längeren Zeitraum anhält, oder wenn das Scheidungsurteil rechtskräftig wird, d.h. nach Ablauf der Berufungsfrist oder aber, wenn beide im Scheidungsverfahren anwaltlich vertreten sind und auf das Einlegen der Berufung verzichtet haben, bereits mit Verkündigung des Scheidungsurteils!

Daher nochmals auch an dieser Stelle: Der Zeitpunkt, wann das Scheidungsurteil rechtskräftig wird, kann für Sie erhebliche finanzielle Auswirkungen haben! Sollten Sie keinen Anspruch auf nachehelichen Unterhalt haben – s. unten – dann sollten Sie auf gar keinen Fall auf das Einlegen der Berufung verzichten, damit Sie einen Monat länger Trennungsunterhalt bekommen und krankenversichert sind!

Der Anspruch auf Trennungsunterhalt erlischt im Übrigen auch, wenn entweder Sie oder Ihr Partner versterben.

Anders verhält es sich beim nachehelichen Ehegattenunterhalt: Dieser beginnt ab Rechtskraft der Scheidung und endet, wenn eine der Anspruchsvoraussetzungen entfällt oder der Unterhalts**berechtigte** wieder heiratet oder stirbt.

Er endet jedoch nicht durch Tod Ihres unterhalts**verpflichtigen** Ex-Ehepartners. Der Unterhaltsanspruch geht dann als Nachlassverbindlichkeit auf die Erben über, allerdings begrenzt bis zur Höhe des Pflichtteils! (s. auch „Lenßen erklärt's" Testament und Erbschaft)

Eine Grenze des Unterhaltsanspruchs liegt auch in der Leistungsfähigkeit des Verpflichteten. Wer nichts hat, kann auch nichts zahlen.

Höhe des Unterhalts

Die konkrete Berechnung Ihres Unterhalts sollten Sie auf jeden Fall einem Fachmann überlassen! Allein die Ermittlung des so genannten bereinigten Netto-Einkommens desjenigen, der Unterhalt zu zahlen hat, ist mit einer allgemeingültigen Formel nicht darzustellen.

Eine grobe Orientierung können Ihnen allerdings die folgenden Faustregeln geben: Nettoeinkommen – 15 % (berufsbedingte Aufwendungen und Arbeitsanreiz) : 2 = Ehegattenunterhalt oder Nettoeinkommen x $^3/_7$ = Ehegattenunterhalt.

Nachehelicher Unterhalt

Noch stärker als während der Trennung gilt nach rechtskräftiger Scheidung der Grundsatz, dass jeder Ehegatte selbst für seinen Lebensunterhalt zu sorgen hat!

Der Grund, warum die Änderungen im neuen Unterhaltsrecht gerade diese Eigenverantwortung verstärkt haben, ist, dass das bisherige Unterhaltsrecht zwar in gewissem Umfange die Möglichkeit vorgesehen hat, bspw. Unterhaltsansprüche zu befristen oder in der Höhe zu beschränken, diese Möglichkeiten jedoch von den Gerichten nur sehr zurückhaltend genutzt wurden. Hinzu kommt, dass die Gerichte relativ hohe Anforderungen an die Wiederaufnahme einer Erwerbstätigkeit nach der Scheidung stellten.

Vor allem die Orientierung an den ehelichen Lebensverhältnissen machte den Wiedereinstieg in den erlernten Beruf für den betroffenen Ehepartner nicht immer attraktiv.

Beispiel *Die Ehefrau ist Krankenschwester und der Ehemann ist Chefarzt einer Privatklinik. Die Ehefrau hat während der Ehe wegen der Kinder nur hin und wieder im Krankenhaus in ihrem Beruf gearbeitet, konnte jedoch damit sicherstellen, dass sie den Anschluss an ihren Beruf nicht verloren hat. Die Ehe wird geschieden und die Ehefrau könnte ohne weiteres vollschichtig im Krankenhaus als Schwester arbeiten. Allerdings würde sie ein Netto-Einkommen von maximal 2.000 EUR erzielen. Während der Ehe hatte sie jedoch aufgrund der hohen Einkünfte ihres Ehemannes weit über 5.000 EUR zur Verfügung. Ein möglicher Unterhaltsanspruch der Ehefrau würde gleichfalls weit über 2.000 EUR liegen. Warum sollte sie also arbeiten gehen?*

Der Grundsatz der Eigenverantwortung war somit etwas in Vergessenheit geraten. Dies führte vielfach zur Belastung einer eventuellen Zweitfamilie und war besonders bei kürzeren Ehen kaum mehr vertretbar.

Die in der Praxis am häufigsten vorkommenden Gründe, mit denen Sie von Ihrem Ex-Partner Unterhalt verlangen können, sind:

■ Sie pflegen und erziehen das gemeinschaftliche Kind, welches das 3. Lebensjahr noch nicht vollendet hat.

■ Sie sind aufgrund Ihres Alters nicht in der Lage, wieder in das Berufsleben einzusteigen.

■ Sie sind aufgrund Krankheit oder anderer Gebrechen oder Schwächen Ihrer körperlichen oder geistigen Kräfte nicht in der Lage, eine Erwerbstätigkeit aufzunehmen.

■ Sie finden trotz intensiver Bemühungen (wie diese auszusehen haben, erläutern wir Ihnen unten unter den Punkt „Unterhalt wegen Erwerbslosigkeit") keine angemessene Erwerbstätigkeit.

■ Sie sind zwar erwerbstätig, allerdings reichen die Einkünfte nicht aus, damit Sie Ihren Lebensunterhalt selbstständig bestreiten können.

Unterhalt wegen Betreuung eines Kindes
Durch das neue Unterhaltsrecht wurde die Privilegierung einer verheirateten Mutter gegenüber einer ledigen Mutter endlich abgeschafft.

Betreuen Sie also ein gemeinschaftliches Kind, so erhalten Sie vom Vater des Kindes während der Zeit der Kinderbetreuung Unterhalt. Hierbei spielt es keine Rolle, ob Sie mit dem Vater verheiratet waren oder sind!

Im Gegenzug allerdings wurde durch das neue Unterhaltsrecht die Dauer des Betreuungsunterhalts für die verheiratete Mutter erheblich reduziert.

Nach dem alten Unterhaltsrecht und der hieraus entwickelten Rechtsprechung der Gerichte konnte der betreuende Ehegatte in der Regel so lange Unterhalt verlangen, bis das gemeinschaftliche Kind 8 Jahre alt war.

Heute gibt es nur noch bis zu drei Jahre nach der Geburt des Kindes Betreuungsunterhalt. Mit der „Kindergartenreife" Ihres Kindes, die üblicherweise mit dem 3. Lebensjahr gegeben ist, müssen Sie sich zukünftig, ob verheiratet oder nicht, grundsätzlich darauf einstellen, auf Arbeitsuche zu gehen. Das heißt, Sie müssen grundsätzlich wieder arbeiten gehen, wenn dies nicht „grob unbillig" ist.

Maßgeblich sind dabei in erster Linie die Belange des Kindes, es können aber auch elternbezogene Gründe gegeben sein.

Was die Formulierungen „der Billigkeit entspricht" sowie „Belange des Kindes" oder „elternbezogene Gründe" in der Praxis konkret bedeuten, werden die in den nächsten Jahre zu treffenden Entscheidungen der Familiengerichte zeigen.

Maßstäbe zur Beurteilung, wann eine Verlängerung des Unterhalts über das 3. Lebensjahr des Kindes hinaus vertretbar ist, sind bspw. die bestehenden Möglichkeiten der Kinderbetreuung. Das heißt, dass die Betreuungsmöglichkeiten durch Kindergärten und Schulen am Wohnort eine immer größer werdende Rolle spielen werden. Das Entstehen von mehr Kindergartenplätzen oder Ganztagsschulen muss somit dringend gefördert werden, damit das neue Unterhaltsrecht überhaupt umgesetzt werden kann und nicht ins Leere läuft.

Bemühen Sie sich rechtzeitig um einen Betreuungsplatz für Ihr Kind und dokumentieren Sie diese Bemühungen, damit Sie eventuell in einem späteren Prozess ausreichend Beweise zur Verfügung haben.

Ermöglicht Ihnen die Kinderbetreuung eine wenn auch nur zeitweise Erwerbstätigkeit, sind Sie als der betreuende Elternteil verpflichtet, wieder berufstätig zu werden, um für sich selbst zu sorgen.

Die Belange des Kindes dürfen hierbei natürlich nicht außer Betracht bleiben.

Beispiel *Wenn das Kind etwa nach einer schwierigen Trennung der Eltern mehr Zuwendung benötigt, seine Hausaufgaben nicht selbst-*

ständig erledigen kann oder zwischen Schule und Hort eine verkehrstechnisch derart ungünstige Verbindung besteht, so soll die Betreuungsleistung des Elternteils im Vordergrund stehen und nicht die Aufnahme einer Erwerbstätigkeit.

Darüber hinaus wurde durch die Reform des Unterhaltsrechts die Möglichkeit geschaffen, aus Gründen der nachehelichen Solidarität im Einzelfall den Betreuungsunterhalt für geschiedene Elternteile zusätzlich zu verlängern. Diese Verlängerungsmöglichkeit rechtfertigt sich allein aus dem in der Ehe gewachsenen Vertrauen in die vereinbarte und praktizierte Rollenverteilung und die gemeinsame Ausgestaltung der Kinderbetreuung.

Beispiel *Sie haben sich mit Ihrem Ehepartner in den glücklichen Zeiten Ihrer Ehe darauf verständigt, dass einer von Ihnen bis zum Abschluss der Grundschule Ihres gemeinsamen Kindes ausschließlich für die Kinderbetreuung und die Führung des Haushaltes zu Hause bleibt. Der Elternteil, der zu Hause geblieben ist, sollte nicht erwerbstätig sein und sich ausschließlich um die Erziehung des gemeinsamen Kindes kümmern. Auch das Kind hat sich in der Vergangenheit darauf eingestellt, dass ein Elternteil Vollzeit zu Hause ist. Hier könnte durchaus ein Anspruch auf Verlängerung des Betreuungsunterhalts gegeben sein. Es wird ein weites Feld an Interpretationsmöglichkeiten geben. Insbesondere wird die Zukunft zeigen, wie eine solche vereinbarte und praktizierte Rollenverteilung zwischen den Eltern nachgewiesen werden kann!*

Trotz der zeitlichen Einschränkung bleibt der Betreuungsunterhalt zu den anderen möglichen Unterhaltsansprüchen für geschiedene Ehegatten bevorzugt. Dies resultiert vor allem aus dem Gedanken heraus, die Interessen des Kindes, nämlich der Anspruch auf elterliche Fürsorge und Erziehung in den Vordergrund zu stellen.

Aus diesem Grunde genießt der Anspruch auf Betreuungsunterhalt verschiedene Besonderheiten zu den nachfolgenden Unterhaltsansprüchen:

Es gibt keine Einsatzzeitpunkte, d. h. der Anspruch auf Betreuungs-unterhalt entsteht, wenn Ihnen wegen notwendiger Betreuung eines oder mehrerer Kinder eine Erwerbstätigkeit überhaupt nicht oder nur eingeschränkt nicht möglich ist.

Grundsätzlich können Sie auf Betreuungsunterhalt zwar verzichten, allerdings nur dann, wenn Sie nicht bewusst damit Ihre Sozialhilfe-bedürftigkeit herbeiführen würden.

Der zur Zahlung von Unterhalt Verpflichtete unterliegt dann einer gesteigerten Erwerbsverpflichtung, wenn geringere Erwerbsbemü-hungen schlussendlich zu Lasten der Kinder ginge.

Unterhalt wegen Alters
Es gibt kein bestimmtes Alter, ab dem keine Erwerbstätigkeit mehr zu erwarten ist. Wie schon so oft, kommt es auch hier auf den Ein-zelfall an.

Sie können jedoch davon ausgehen, dass ab dem 65. Lebensjahr, dem maßgeblichen Alter für den Anspruch auf Altersrente, eine Er-werbstätigkeit nicht mehr erwartet werden kann.

Wichtig sind die so genannten Einsatzzeitpunkte, zu denen die obige Voraussetzung vorliegen muss. Solche Zeitpunkte sind: Die Rechtskraft der Scheidung, die Beendigung der Pflege und/oder Er-ziehung eines gemeinschaftlichen Kindes oder der Wegfall der Vor-aussetzungen für einen Anspruch wegen Krankheit oder Gebrechen oder Erwerbslosigkeit (s. unten).

Unterhalt wegen Krankheit oder Gebrechen
Unter den nachfolgenden Voraussetzungen kann Unterhalt wegen Krankheit oder Gebrechen verlangt werden:

Sie müssen eine Krankheit, ein Gebrechen oder sonstige Schwäche Ihrer körperlichen und/oder geistigen Kräfte haben.

Sie können einer angemessenen Erwerbstätigkeit aus krankheitsbe-dingten Gründen überhaupt nicht oder nur teilweise nachgehen.

Einer der nachfolgend aufgeführten Einsatzzeitpunkte liegt vor: Rechtskraft der Scheidung, Beendigung der Pflege oder Erziehung eines gemeinschaftlichen Kindes, Beendigung der Ausbildung, Fortbildung oder Umschulung oder Wegfall der Voraussetzungen eines Anspruchs wegen Erwerbslosigkeit (s. unten).

Die Anwendung der Einsatzzeitpunkte für diesen Unterhaltsanspruch sind im Einzelfall vielfach äußerst kompliziert, da bei latent vorhandenen Krankheiten diese erst nach einem der obigen Zeitpunkte ausbrechen und somit auftreten können!

Unterhalt wegen Erwerbslosigkeit und Aufstockungsunterhalt

Dieser Anspruch ist gegenüber den obigen Ansprüche nachrangig.

Die Umformulierung dieses Unterhaltsanspruchs durch die Unterhaltsreform macht deutlich, dass Sie grundsätzlich verpflichtet sind, eine angemessene Erwerbstätigkeit auszuüben.

Was angemessen ist, wird im Gesetz festgelegt: Die Angemessenheit der Erwerbstätigkeit richtet sich wie bisher nach den Kriterien Ausbildung, Fähigkeiten, Lebensalter und Gesundheitszustand. Allerdings ist durch die Reform ein neuer Aspekt hinzugekommen. So spielt nun auch die von Ihnen früher ausgeübte Erwerbstätigkeit eine Rolle.

Dies führt unweigerlich dazu, dass Sie verstärkt auf Ihren Lebensstandard **vor** Eheschließung verwiesen werden können. Dies ist in all den Fällen – wie unser obiges Krankenschwester/Chefarzt-Beispiel gezeigt hat – von erheblicher Bedeutung, in denen die Ehepartner weder über die gleiche berufliche Qualifikation noch Karriere verfügen.

Der in der Ehe erreichte höhere Lebensstandard ist ab sofort nicht mehr **garantierte** Grundlage für die Bedarfsermittlung des unterhaltbegehrenden Ehegatten!

Wie so oft kann es jedoch im Einzelfall sein, dass die ehelichen Lebensverhältnisse dennoch eine Rolle spielen.

Dies ist beispielsweise dann der Fall, wenn für Sie die Aufnahme einer Erwerbstätigkeit unbillig wäre. Eine solche Unzumutbarkeit der Aufnahme einer Erwerbstätigkeit kommt gegebenenfalls in Betracht, wenn die Prägung und der Verlauf der ehelichen Lebensgemeinschaft hierauf Rückschlüsse zulässt (z.B. der erreichte soziale Status in der Ehe). Dies müssten Sie jedoch konkret darlegen und, wenn es Ihr Ehepartner bestreitet, auch beweisen.

Um „ernsthafte Erwerbsbemühungen" nachzuweisen, sollten Sie etwa vorlegen können:

■ Meldung als arbeitsuchend beim Arbeitsamt,

■ Nachweise, dass Einschränkungen für bestimmte Tätigkeiten gegeben sind (Arbeitsamt, Arzt etc.)

■ Nachweis von Eigenbemühungen: ggf. eigene Inserate, schriftliche Bewerbungen (Stellenanzeige + Bewerbungsschreiben + Ablehnungsschreiben), telefonische Bewerbungen (wann und mit wem – Name und Anschrift – hat das Gespräch stattgefunden, um welche Stelle ging es)

Die Rechtsprechung geht davon aus, dass in zeitlicher Hinsicht vom Arbeitsuchenden zu verlangen sei, dass er die Zeit für die Arbeitsuche aufwendet, die ein vollschichtig Erwerbstätiger der Berufsarbeit widmet.

Die Einsatzzeitpunkte sind entweder unmittelbar nach der Scheidung, wobei es hier nicht auf die Rechtskraft der Scheidung ankommt, sondern ein zeitlicher Zusammenhang (unter einem Jahr nach der Scheidung) mit der Scheidung bestehen muss, oder der Wegfall eines der oben stehenden Ansprüche wegen Betreuung eines gemeinschaftlichen Kindes, wegen Alters oder Krankheit oder Gebrechen.

Der Anspruch wegen Erwerbslosigkeit entfällt, wenn Sie zu den obigen Zeitpunkten eine angemessene Tätigkeit finden, die Ihren vollen Unterhalt deckt.

Ein Wiederaufleben des Unterhaltsanspruchs ist dann möglich, wenn Ihre Einkünfte aus der Erwerbstätigkeit wegfallen, weil es Ihnen trotz Ihrer Bemühungen nicht gelungen ist, Ihren Unterhalt durch diese Tätigkeit nachhaltig zu sichern.

Ist nur ein Teil des Unterhalts durch Sie zu sichern, können Sie den Unterschiedsbetrag zwischen dem Teil und dem vollen Unterhalt verlangen.

Unterhalt wegen Ausbildung, Fortbildung und Umschulung
Dieser Unterhaltsanspruch steht Ihnen zu, wenn Sie in Erwartung der Ehe eine Ausbildung nicht aufgenommen oder abgebrochen haben und Sie schnellstmöglich diese Ausbildung nach dem Ende der Ehe wieder aufgenommen haben.

Die Ausbildung muss außerdem zur Erlangung einer Erwerbstätigkeit, die Ihren Unterhalt nachhaltig sichert, notwendig und geeignet sein und der Ausbildungsabschluss muss im Rahmen der üblichen Ausbildungsdauer erfolgen.

Für den Anspruch auf Fortbildung und/oder Umschulung sind die Voraussetzungen ähnlich, jedoch darf die Fortbildung oder Umschulung kein Hochschulstudium darstellen.

Billigkeitsunterhalt
Abschließend zu den nachehelichen Unterhaltsansprüchen sei auch kurz der Unterhaltsanspruch aus Billigkeitsgründen erwähnt.

Dieser stellt eine Härteregelung für Ausnahmefälle dar. Er ist daher zum einen sehr eng auszulegen und zum anderen nachrangig zu allen anderen vorgenannten Unterhaltsansprüchen.

Voraussetzungen für die Geltendmachung sind das Vorliegen eines schwerwiegenden Grundes dafür, dass von Ihnen eine Erwerbstätigkeit nicht oder nur teilweise erwartet werden kann, und die Versagung von Unterhalt grob unbillig wäre.

Kindesunterhalt
Das Kindesunterhaltsrecht wurde durch die Unterhaltsrechtsreform erheblich vereinfacht. Die gesetzliche Definition eines einheitlichen **Mindestunterhalts** für minderjährige Kinder hat hierzu geführt.

Der Mindestunterhalt minderjähriger Kinder orientiert sich an dem steuerlichen Freibetrag für das Existenzminimum (Kinderfreibetrag). Das Unterhaltsrecht wird insoweit an das Steuer- und Sozialrecht angepasst.

Mit dem einheitlichen Mindestunterhalt wird außerdem die bisherige Unterscheidung zwischen Unterhaltssätzen für Kinder in den alten und neuen Bundesländern aufgehoben.

Durch eine gesonderte Übergangsregelung wird zudem sichergestellt, dass die heutigen Regelbeträge (West) durch den neuen Mindestunterhalt in keinem Fall **unterschritten** werden. Weiterhin schreibt die Übergangsregelung für den Mindestunterhalt zunächst Beträge fest, die insbesondere in den neuen Bundesländern zu erhöhten Unterhaltsbeträgen führen.

Der monatliche Mindestunterhalt errechnet sich wie folgt:

Doppelter Kinderfreibetrag laut Einkommensteuergesetz (z. Zt.: 1.824 EUR x 2 = 3.648 EUR) : 12 = 100 % des Mindestunterhalts (304 EUR).

Allerdings erhält die 1. Altersstufe – Kinder bis zum 7. Lebensjahr nur 87 %, mithin gerundet **265 EUR**.

Kinder der 2. Altersstufe – 7. Lebensjahr bis 13. Lebensjahr – erhalten 100 %, mithin **304 EUR**.

Kinder der 3. Altersstufe – 13. Lebensjahr bis 18. Lebensjahr – erhalten 117 %, mithin **356 EUR**.

Die Neuregelung der Kindergeldverrechnung schafft eine klare, sachgerechte und gut verständliche Regelung.

Deckung des Barbedarfs
Das Kindergeld soll vorrangig zur Deckung des so genannten Barbedarfs des Kindes dienen.

Dies erfolgt zur **Hälfte**, wenn Sie oder Ihr Partner Ihrer Unterhaltspflicht durch Betreuung des Kindes nachkommen und in **voller Höhe**, wenn weder Sie noch Ihr Partner das Kind betreuen oder versorgen bzw. in allen anderen Fällen.

Die Rechtsanwendung wird dadurch erheblich vereinfacht.

Grundsätzlich bleibt es jedoch dabei, dass es drei Arten von Kindesunterhalt gibt: Barunterhalt, Naturalunterhalt und den Betreuungsunterhalt.

Leben die Eltern zusammen in einer intakten Ehe, gibt es den so genannten Anspruch auf **Naturalunterhalt**.

Leben die Eltern allerdings getrennt, und lebt das minderjährige Kind bei einem Elternteil, dann entsteht ein Anspruch auf Bar- und Betreuungsunterhalt, d. h. der Elternteil, bei dem das Kind lebt, leistet Betreuungsunterhalt und der andere Elternteil leistet durch Zahlung einer monatlichen Geldrente Barunterhalt.

 Betreuungsunterhalt und Barunterhalt sind bei minderjährigen Kindern immer gleichwertig. Bei volljährigen Kindern gibt es keinen Betreuungsbedarf mehr, so dass beide Eltern barunterhaltspflichtig sind.

Der Anspruch eines Kindes auf Unterhalt beginnt mit dessen Geburt und dauert grundsätzlich bis zu dessen Lebensende fort. Letzteres ist jedoch in der Praxis äußerst selten.

 Im Normalfall endet der Anspruch auf Unterhalt eines Kindes nach dessen abgeschlossener Ausbildung.

Stirbt das Kind, so erlischt der Anspruch.

Bei der Ermittlung von Kindesunterhalt sind drei Aspekte zu berücksichtigen.

- Das unterhaltsberechtigte Kind muss außerstande sein, sich selbst zu unterhalten,

- der unterhaltsverpflichtete Elternteil muss bei Berücksichtigung seiner sonstigen Verpflichtungen ohne Gefährdung seines angemessenen eigenen Unterhalts in der Lage sein, Unterhalt zu gewähren, und

- die Unterhaltshöhe muss angemessen sein; sie bestimmt sich nach der Lebensstellung des Bedürftigen.

Auf die teilweise recht komplizierten Berechnungsmethoden soll nicht näher eingegangen werden. Vielmehr wollen wir Ihnen nachstehend einige praxisrelevante Hinweise vermitteln.

Kinder sind grundsätzlich während ihrer Schul- und/oder Berufsausbildung nicht verpflichtet, einer Erwerbstätigkeit nachzugehen.

Ferienjobs, Nebentätigkeiten etc., die die Kinder freiwillig ausüben, werden auf ihren Unterhalt in der Regel nicht angerechnet.

Die Ausbildungsvergütung wird nach Abzug eines ausbildungsbedingten Mehrbedarfs (z.Zt. 90 EUR, dies kann in den Leitlinien der OLGs unterschiedlich geregelt sein) auf den Unterhalt angerechnet.

BaföG, Arbeitslosengeld, Arbeitslosenhilfe, Renteneinkünfte, Wohngeld und Vermögenseinkünfte des Kindes werden als Einkommen gewertet und mindern den Bedarf des Kindes.

Macht ein Kind während seiner Ausbildung (häufig Studium) Unterhalt geltend, so ist es verpflichtet, die Ausbildung zügig und erfolgreich zu absolvieren; ein so genanntes Bummelstudium kann zum Erlöschen des Unterhaltsanspruchs führen.

Ein Anspruch auf Unterhalt während einer Zweitausbildung kann nur in wenigen Fällen entstehen.

Mehrbedarf und Sonderbedarf

Wie beim Ehegattenunterhalt besteht auch hier die Möglichkeit Mehrbedarf und/oder Sonderbedarf des Kindes geltend zu machen. Als regelmäßiger Mehrbedarf kommen bspw. krankheitsbedingter Bedarf, Privatschulbesuch sowie besonders teurer Sport- und/oder Musikunterricht in Betracht. Ob ein derartiger Mehrbedarf zu zahlen ist, hängt insbesondere von einer Abwägung der Interessen des Kindes und des Unterhaltspflichtigen ab.

Beispiel *Die Mehrkosten für einen ganztägigen Kindergartenbesuch stellen einen Mehrbedarf des Kindes dar, der von beiden Eltern anteilig nach ihren Einkommensverhältnissen zu zahlen ist. Einen Mehrbedarf des Kindes stellen jedoch nur die Kosten dar, die den in der heutigen Zeit üblichen halbtägigen Kindergartenbesuch übersteigen. Der halbtägige Kindergartenbesuch ist in der Regel im laufenden Unterhalt bereits enthalten.*

Der unregelmäßige **Sonderbedarf** muss überraschend sein und außergewöhnlich hoch. Dies bedeutet, dass geprüft werden muss, ob aus dem laufenden Kindesunterhalt Rücklagen gebildet werden konnten oder nicht. Als Sonderbedarf anerkannt hat die Rechtsprechung bspw. Säuglingserstausstattung oder Umzugskosten. Auch hier müssen die Interessen des Kindes und des Unterhaltspflichtigen miteinander abgewogen werden. Dies bedeutet, dass sich Ihr Kind gegebenenfalls am Sonderbedarf mit seinem laufenden Unterhalt oder Vermögen beteiligen muss.

Beispiel *Konfirmationskosten stellen keinen Sonderbedarf dar, da die Konfirmation voraussehbar ist.*

Strittig kann sein, ob eine kieferorthopädische Behandlung des Kindes im Vorhinein abgesehen werden kann oder nicht. Hier kommt es nach der aktuellen Rechtsprechung darauf an, ob die Bildung von Rücklagen aus dem laufenden Kindesunterhalt nach Erhalt des Heil- und Kostenplanes noch zumutbar ist oder nicht.

Sobald Sie wissen, dass für Ihr Kind hohe Behandlungskosten beim Arzt auf Sie zukommen, teilen Sie das dem Unterhaltszahlenden unverzüglich mit und fordern ihn auf, zumindest einen Teil der Kosten mitzutragen!

Die Höhe des Unterhalts

Zur Ermittlung der Höhe des Kindesunterhalts dient die Düsseldorfer Tabelle als Anhaltspunkt. In jedem Einzelfall muss die Angemessenheit der Unterhaltshöhe zusätzlich geprüft werden, ist in der Praxis jedoch eher die Ausnahme, da die Oberlandesgerichte Bamberg, Karlsruhe, München, Nürnberg, Stuttgart und Zweibrücken zur Modifizierung der Düsseldorfer Tabelle die so genannten „Süddeutschen Leitlinien" entwickelt haben, die regelmäßig bei der Bemessung des Unterhalts Anwendung finden.

Die Düsseldorfer Tabelle ist in Alters- und Einkommensstufen aufgeteilt und weist Unterhaltsrichtsätze aus, die darauf bezogen sind, dass der Unterhaltspflichtige gegenüber einem Ehegatten und zwei Kindern unterhaltspflichtig ist. Ist der Unterhaltspflichtige gegenüber

■ weniger Personen unterhaltspflichtig, wird entsprechend die nächst höhere Einkommensstufe und

■ bei mehr Personen entsprechend die nächst niedrigere Einkommensstufe

zugrunde gelegt.

Bei dem nun ermittelten Tabellenunterhalt müssen Sie zusätzlich prüfen, wer das Kindergeld bezieht. In der Regel ist es der Elternteil, bei dem sich das unterhaltsberechtigte Kind überwiegend aufhält. In welcher Höhe das Kindergeld nunmehr auf den zu zahlenden Unterhalt anzurechnen ist, wurde mit der Unterhaltsrechtsreform geändert und haben wir bereits oben erwähnt (S. 46).

Düsseldorfer Tabelle

A. Kindesunterhalt

	Nettoeinkommen des Barunterhaltspflichtigen	Altersstufen in Jahren				Prozentsatz	Bedarfskontrollbetrag
		0–5	6–11	12–17	ab 18		
		Alle Beträge in Euro					
1.	bis 1.500	279	322	365	408	100	770/900
2.	1.501–1.900	293	339	384	429	105	1.000
3.	1.901–2.300	307	355	402	449	110	1.100
4.	2.301–2.700	321	371	420	470	115	1.200
5.	2.701–3.100	335	387	438	490	120	1.300
6.	3.101–3.500	358	413	468	523	128	1.400
7.	3.501–3.900	380	438	497	555	136	1.500
8.	3.901–4.300	402	464	526	588	144	1.600
9.	4.301–4.700	425	490	555	621	152	1.700
10.	4.701–5.100	447	516	584	653	160	1.800
	ab 5.101	nach den Umständen des Falles					

Die Rangfolge mehrerer Unterhaltsgläubiger

Die Rangfolge kommt immer dann ins Spiel, wenn nicht genügend Geld für alle da ist. Wenn nicht alle Unterhaltsberechtigten vom Unterhaltsgläubiger bedient werden können, müssen diese in so genannte Ränge gruppiert werden. Nach deren Reihenfolge werden dann die Berechtigten bedient.

Im 1. Rang stehen nun seit der Unterhaltsreform alle Kinder allein. Erst im 2. Rang folgen alle Eltern, welche die Kinder desjenigen, der Unterhalt zu zahlen hat (meistens ist das auch der Vater), versorgen.

Wie bereits oben erwähnt unterscheidet man zukünftig nicht mehr zwischen unverheirateten und geschiedenen Partnern. Wichtig ist allein, ob sie Kinder betreuen oder nicht.

Die Rangfolgen im Einzelnen:

1. Rang

- minderjährige Kinder
- volljährige, unverheiratete Kinder bis 21 Jahre in Schulausbildung (wenn sie bei einem Elternteil leben)

2. Rang

- geschiedener Ehepartner, der Kinder betreut
- aktueller Ehepartner, der Kinder betreut
- nicht verheirateter Partner, der Kinder betreut
- geschiedener Ehepartner, der zwar keine Kinder betreut, mit dem der Unterhaltsverpflichtete jedoch sehr lange verheiratet war

3. Rang

geschiedener Ehepartner, der keine Kinder betreut und mit dem der Unterhaltsverpflichtete nicht sehr lange verheiratet war

4. Rang

Kinder, die nicht im 1. Rang aufgeführt sind, wie beispielsweise studierende Kinder

Unterhaltsrechtsform – Auswirkung auf Altfälle?

Die Unterhaltsrechtsreform gilt für alle Trennungen und Scheidungen nach dem 1.1.2008. Wann Sie geheiratet haben oder ob sich Ihr Eheleben nach dem alten Unterhaltsrecht ausgerichtet hat, spielt keine Rolle.

Sie können nämlich auch bestehende Unterhaltstitel (Jugendamtsurkunden, Urteile oder Vergleiche) abändern lassen. Dies ist insbesondere dann möglich, wenn sich die Höhe des Unterhalts wesentlich nach oben oder unten ändern würde und – ganz wichtig! – diese Veränderung Ihrem Partner zugemutet werden kann. Wie die Gerichte hiermit umgehen werden, wird erst in den nächsten Jahren erkennbar werden.

Eine automatische Abänderung Ihres bestehenden Unterhaltstitels findet nicht statt, Sie müssen aktiv werden, d.h. gegebenenfalls Abänderungsklage einreichen.

Auch wenn Sie glücklich verheiratet sind, hat die Reform auf Sie Auswirkungen und sollte Sie gegebenenfalls zum Handeln anregen!

Haben Sie aufgrund Kindererziehung und Haushaltsführung auf Ihre eigene Karriere verzichtet, können Sie sich nicht mehr ohne Weiteres darauf verlassen, dass Sie nach rechtskräftiger Scheidung Unterhalt bekommen. Das heißt: Entweder Sie steigen frühzeitig wieder in den alten Beruf ein, um nicht den Anschluss zu verlieren, oder Sie lassen durch notariell beurkundeten Ehevertrag Ihren Unterhalt während der Trennung wie auch nach der rechtskräftigen Scheidung individuell festlegen.

Dem Ehevertrag wird in Zukunft immer größere Bedeutung zukommen.

Der Unterhaltsvorschuss

Es kommt häufig vor, dass der Elternteil, der zur Zahlung von Unterhalt verpflichtet ist, entweder den Unterhalt nicht zahlen kann oder will bzw. nur teilweise und unregelmäßig Unterhalt für das Kind zahlt. Dann kommt das Unterhaltsvorschussgesetz zum Tragen.

Danach erhalten die Kinder Unterhaltsvorschuss, die in Deutschland ihren Wohnsitz bzw. gewöhnlichen Aufenthalt haben, bei einem allein erziehenden Elternteil leben und das 12. Lebensjahr noch nicht vollendet haben.

Wer sein Kind allein erzieht, ist oftmals in einer schwierigen Lage. Arbeit, Kinder und Haushalt müssen allein bewältigt werden. Diese Situation verschärft sich noch, wenn das Kind keinen oder nicht den Mindestunterhalt (s. oben S. 45) erhält.

In einem solchen Fall müssen Sie als alleinerziehender Elternteil nicht nur den Unterhaltsanspruch Ihres Kindes verfolgen, sondern auch im Rahmen Ihrer eigenen Leistungsfähigkeit für den ausfallenden Unterhalt aufkommen.

In einer solchen Situation ist man recht schnell auf staatliche Unterstützung angewiesen. Das Unterhaltsvorschussgesetz stellt übergangsweise eine besondere Hilfe für Alleinerziehende dar. Der ausfallende Unterhalt soll zumindest zum Teil ausgeglichen werden. Allerdings ist der unterhaltspflichtige Elternteil aus der Verantwortung hiermit nicht entlassen.

Mit der Leistung nach dem Unterhaltsvorschussgesetz soll jedoch nicht nur der Alleinerziehende finanziell entlastet, sondern auch der schwierigen Erziehungssituation Rechnung getragen werden.

Gerade Alleinerziehende von jüngeren Kindern (unter 12 Jahren) haben es besonders schwer, die Aufgaben der Haushaltsführung, Betreuung des Kindes und Erwerbstätigkeit allein zu bewältigen. Mit zunehmendem Alter des Kindes entspannt sich die schwierige Erziehungssituation, da der besonders hohe Betreuungsaufwand, den gerade jüngere Kinder erfordern, geringer wird.

Grundsätzlich sollten Sie immer frühzeitig bei den zuständigen Stellen Beratung einholen. Zu Fragen des Unterhaltsvorschussgesetzes ist das Jugendamt Ihr richtiger Ansprechpartner.

Voraussetzungen für Unterhaltsvorschuss
Unterhaltsleistungen nach dem Unterhaltsvorschussgesetz sind Unterhaltsvorschussleistungen oder Unterhaltsausfallleistungen.

Ihr Kind erhält diese Leistungen, wenn es

- in Deutschland einen Wohnsitz oder seinen gewöhnlichen Aufenthalt hat und

- hier bei Ihnen als alleinerziehenden Elternteil lebt und

- von dem anderen Elternteil nicht oder nur teilweise oder nicht regelmäßig mindestens den gesetzlichen Mindestunterhalt erhält und

- das 12. Lebensjahr noch nicht vollendet hat.

Danach haben Kinder Anspruch auf Unterhaltsvorschuss für maximal 72 Monate.

Das Einkommen der Eltern ist nicht relevant. Vom Jugendamt wird für die Beantragung des Unterhaltsvorschusses ein gerichtliches Unterhaltsurteil gegen den anderen Elternteil nicht vorausgesetzt. Ist der andere Elternteil ganz oder teilweise zahlungsfähig, aber nicht zahlungswillig, wird er vom Staat in Höhe des gezahlten Unterhaltsvorschusses in Anspruch genommen.

Unterhaltsvorschussleistungen können auch ausländische Kinder erhalten, wenn ihr Aufenthalt in Deutschland nach der Art ihres Aufenthaltstitels oder des Aufenthaltstitels des sie betreuenden Elternteils sowie gegebenenfalls des Zugangs des betreuenden Elternteils zum Arbeitsmarkt voraussichtlich dauerhaft ist. Verfügen Sie über eine Niederlassungserlaubnis, erfüllen Sie diese Voraussetzungen.

Besitzen Sie als betreuender Elternteil eine Aufenthaltserlaubnis, erfüllen Sie die Anspruchsvoraussetzungen nur dann, wenn diese Sie auch zur Erwerbstätigkeit in Deutschland berechtigt oder Sie hier schon erlaubt gearbeitet haben.

Erst nach einem Aufenthalt in Deutschland von drei Jahren und bei Bestehen eines Arbeitsverhältnisses oder Bezug von Arbeitslosengeld kann Ihr Kind Unterhaltsvorschuss erhalten, wenn Sie eine Aufenthaltserlaubnis in Härtefällen, zum vorübergehenden Schutz, bei Aussetzung der Abschiebung oder wegen des Bestehens von Ausreisehindernissen besitzen. Dies gilt nicht für Staatsangehörige der Europäischen Union sowie des Europäischen Wirtschaftsraumes.

Weitere Voraussetzung ist, dass Ihr Kind mit Ihnen in einem Haushalt zusammenlebt. Dies muss aber nicht Ihr eigener Haushalt sein. Die Voraussetzung ist z. B. auch erfüllt, wenn Sie und Ihr Kind im Haushalt der Großeltern zusammenleben.

Sie gelten allerdings nicht als alleinerziehend, wenn Sie verheiratet sind und nicht dauernd getrennt leben oder wenn Sie unverheiratet mit dem anderen Elternteil zusammenleben.

Höhe des monatlichen Unterhaltsvorschusses
Nach Abzug des für ein erstes Kind zu zahlenden Kindergeldes ergeben sich seit 1. 1. 2008 folgende Unterhaltsvorschussbeträge:
für Kinder bis unter 6 Jahre 125 EUR/Monat
für Kinder bis unter 12 Jahren 168 EUR/Monat

Von den genannten Unterhaltsvorschussbeträgen werden **abgezogen**, die Unterhaltszahlungen des anderen Elternteils oder die Waisenbezüge, die das Kind nach dessen Tod oder nach dem Tod eines Stiefelternteils erhält.

Nicht abgezogen werden sonstige Einkünfte des Kindes und das Einkommen des alleinerziehenden Elternteils.

Dauer der Leistung

Die Dauer der Unterhaltsvorschussleistung beträgt insgesamt längstens 72 Monate. Die Zahlung endet spätestens, wenn Ihr Kind 12 Jahre alt wird. Das gilt auch dann, wenn die Unterhaltsleistung noch nicht volle 72 Monate gezahlt worden ist.

Rückwirkend kann die Unterhaltsvorschussleistung auch für den Monat vor dem Eingang des Antrags bei der Unterhaltsvorschuss-Stelle gezahlt werden, allerdings nur dann, wenn die gesetzlichen Voraussetzungen bereits in dieser Zeit erfüllt waren.

Dazu gehört auch, dass Sie sich in zumutbarer Weise bemüht haben, den unterhaltspflichtigen anderen Elternteil zu Unterhaltszahlungen zu veranlassen.

Art der Leistung

Der Unterhaltsvorschuss wird monatlich im Voraus gezahlt. Eine weitergehende Vorauszahlung ist nicht möglich. Besteht der Unterhaltsanspruch Ihres Kindes nicht für den ganzen Monat, so wird die Unterhaltsvorschussleistung anteilig berechnet.

Ausschluss der Leistung

Der Anspruch auf die Unterhaltsvorschussleistung ist ausgeschlossen, wenn

- Sie sich weigern, über den zahlungspflichtigen Elternteil Auskünfte zu erteilen,

- Sie sich weigern, bei der Feststellung der Vaterschaft oder des Aufenthalts des anderen Elternteils mitzuwirken, oder

- Sie verheiratet sind und von Ihrem Ehegatten nicht dauernd getrennt leben oder

- Sie – ob verheiratet oder nicht – mit dem anderen Elternteil zusammenleben,

- Sie einen anderen als den leiblichen Elternteil des Kindes heiraten,

- der andere Elternteil Unterhalt mindestens in Höhe des gesetzlichen Mindestunterhalts geleistet hat. Dabei wird jede Unterhaltszahlung bis zur Höhe des Mindestunterhalts auf den Monat angerechnet, in dem sie erfolgt ist.

Ersatzpflicht

Hat das Kind zu Unrecht Unterhaltsvorschuss erhalten, müssen Sie den Betrag ersetzen, wenn und soweit Sie die Überzahlung verursacht haben durch vorsätzlich oder grob fahrlässig falsche oder unvollständige Angaben oder nicht rechtzeitige Anzeige einer Veränderung in den Verhältnissen, die für die Leistung erheblich sind oder wussten oder zumindest wissen mussten, dass dem Kind der Unterhaltsvorschuss nicht oder nicht in der gezahlten Höhe zustand.

Darüber hinaus muss der Unterhaltsvorschuss auch zurückgezahlt werden, wenn es nach Antragstellung von dem anderen Elternteil in einem Monat Unterhalt gab, der auf den in demselben Monat gezahlten Unterhaltsvorschuss nicht angerechnet wurde, oder Waisenbezüge vorlagen, die bei der Berechnung der Höhe des Unterhaltsvorschusses hätten angerechnet werden müssen.

Dies bedeutet für Sie, dass Sie bereits ab Antragstellung und für die gesamte Zeit des Leistungsbezugs darauf achten müssen, dass Sie der Unterhaltsvorschuss-Stelle unverzüglich alle Änderungen in den Verhältnissen mitteilen, die für den Anspruch von Bedeutung sein können oder über die Sie im Zusammenhang mit dem Unterhaltsvorschussgesetz Erklärungen abgegeben haben.

Mitteilungen an andere Behörden (z. B. an die Gemeindeverwaltung oder das Einwohnermeldeamt) genügen nicht!

Die Checkliste zeigt die wichtigsten Fälle, in denen Sie Informationen unverzüglich an das Jugendamt weiterleiten müssen.

Checkliste

☐ Ihr Kind lebt nicht mehr bei Ihnen.

☐ Sie heiraten, auch wenn der Ehepartner nicht der andere Elternteil ist.

☐ Sie ziehen mit dem anderen Elternteil zusammen.

☐ Sie ziehen um.

☐ Ihnen wird der bisher unbekannte Aufenthalt des anderen Elternteils bekannt.

☐ Der andere Elternteil will nun regelmäßig Unterhalt für das Kind zahlen oder hat dies bereits getan.

☐ Der andere Elternteil ist gestorben.

Geben Sie diese Informationen nicht rechtzeitig an das Jugendamt weiter, müssen Sie nicht nur die zu viel gezahlten Unterhaltsvorschussleistungen zurückzahlen, sondern die vorsätzliche oder fahrlässige Verletzung dieser Anzeigepflicht kann auch mit einem Bußgeld geahndet werden.

Antragsformalien

Die Leistung nach dem Unterhaltsvorschussgesetz (UVG) müssen Sie **schriftlich beantragen**. Ein mündlicher Antrag (z. B. durch Telefonanruf) genügt nicht. Der Antrag ist von Ihnen bei der zuständigen Unterhaltsvorschuss-Stelle – in der Regel beim zuständigen Jugendamt – zu stellen. Das ist das Jugendamt, in dessen Bezirk Ihr Kind lebt. Das Antragsformular und das UVG-Merkblatt erhalten Sie bei der Stadt-, Gemeinde- oder Kreisverwaltung.

Auf Ihren Antrag erhalten Sie einen schriftlichen Bescheid. Diesen sollten Sie dahingehend prüfen, ob dem Antrag vollumfänglich entsprochen wurde oder nicht bzw. nur eingeschränkt.

Wird dem Antrag nicht oder nicht voll entsprochen, können Sie gegen die Entscheidung Widerspruch einlegen.

Der Widerspruch bewirkt, dass die Entscheidung von einer besonderen Stelle nochmals überprüft wird. Den Widerspruch müssen Sie innerhalb eines Monats nach Bekanntgabe der Entscheidung bei der Unterhaltsvorschuss-Stelle (Jugendamt) einlegen. Sie können ihn schriftlich einreichen oder in der Unterhaltsvorschuss-Stelle persönlich zur Niederschrift erklären.

Die Unterhaltsvorschuss-Stelle prüft in bestimmten Abständen, ob die Voraussetzungen für den Anspruch auf Unterhaltsvorschuss bei Ihnen und Ihrem Kind noch vorliegen.

Wie bereits oben kurz angesprochen, soll der andere (barunterhaltspflichtige) Elternteil nicht entlastet werden, wenn der Staat dem Kind Unterhaltsvorschuss zahlt. Das heißt, etwaige Unterhaltsansprüche des Kindes gegen den anderen Elternteil in Höhe des Unterhaltsvorschusses gehen auf das Land über, das diese Ansprüche geltend macht und gegebenenfalls selbst einklagt und vollstreckt.

Der andere Elternteil wird sofort über die Bewilligung des Unterhaltsvorschusses informiert und zur Zahlung bzw. zur Auskunft über seine Einkommensverhältnisse aufgefordert.

Wenn der Staat den „vorgeschossenen" Unterhalt bei dem anderen Elternteil zurückholt, hat dies auch für Sie und Ihr Kind große praktische Bedeutung. Ist der Staat nämlich bei der Durchsetzung seines Anspruchs erfolgreich, ist die Rechtslage geklärt und es für Sie damit leichter, zukünftig regelmäßig Unterhalt für das Kind vom zahlungspflichtigen Elternteil zu bekommen. Insbesondere dann, wenn die 72 Monate abgelaufen sind oder Ihr Kind die Altersgrenze erreicht hat und Sie daher keinen Unterhaltsvorschuss mehr erhalten.

Sorge- und Umgangsrecht

Das Sorge- und Umgangsrecht ist in der Vielzahl der Fälle weniger mit rein juristischen Methoden zu bearbeiten, sondern fordert zumeist von allen Verfahrensbeteiligten (Gericht, Rechtsanwalt, Jugendamt etc.) viel persönliches Geschick für eine konfliktfreie Lösung der Probleme.

Aus diesem Grunde tritt zur Konfliktbewältigung immer mehr das Mediationsverfahren in den Vordergrund. Die Mediation ist ein Weg, die Konflikte durch gemeinsame Gespräche zu lösen und eine verbindliche für beide Parteien akzeptable Regelung sämtlicher Streitpunkte zu finden.

Elterliche Sorge

Im Gesetz ist festgelegt, dass beide Elternteile die Pflicht und das Recht haben, für das gemeinsame minderjährige Kind zu sorgen. Wie Sie sehen können, hat der Gesetzgeber die Pflicht vor das Recht zur elterlichen Sorge gestellt. Hierdurch wird deutlich, dass mit der elterlichen Sorge erheblich mehr Pflichten als Rechte verbunden sind.

Die elterliche Sorge umfasst die Personen- und die Vermögenssorge für das gemeinsame Kind, daneben auch die Vertretung des Kindes.

Die Personensorge

Die Personensorge umfasst sämtliche Angelegenheiten, die die Person eines Kindes betreffen, und zwar die Pflege, die Erziehung und die Beaufsichtigung des Kindes sowie das Recht zur Aufenthaltsbestimmung.

Darüber hinaus beinhaltet die Personensorge das Recht, Entscheidungen zu treffen bezüglich Ausbildungs- und Berufswahl des Kindes, mit Freiheitsentzug verbundener Unterbringungen, Herausgabeansprüchen gegenüber Dritten sowie der Bestimmung des Umgangs mit anderen Personen.

Es gibt noch weitere wichtige Angelegenheiten, die die Person des Kindes betreffen, bspw. die Namensgebung für das Kind.

Die Vermögenssorge
Die Vermögenssorge umfasst alle tatsächlichen und rechtlichen Handlungen, die die Erhaltung, Vermehrung und Verwertung des Kindesvermögens (Grundbesitz, Wertpapiere, Geschäftsanteile, namhafte Geldbeträge) betreffen.

Dies ist in der Praxis zumeist dann von Bedeutung, wenn Ihr Kind infolge Schenkung oder Erbschaft zu eigenem Vermögen gekommen ist. In diesen Fällen kann die Vermögensverwaltung durch Sie als Eltern durchaus problematisch sein.

Das Gesetz sieht daher Beschränkungen der Vermögenssorge vor, die Ihre Vermögensverwaltung als Eltern einschränkt bzw. modifiziert.

Die gesetzliche Vertretung
Dann gibt es noch die gesetzliche Vertretung des Kindes. Diese beinhaltet jedes Handeln mit Rechtswirkung für Ihr Kind.

Grundsätzlich vertreten Sie als Eltern das Kind gemeinschaftlich. Allerdings vertritt ein Elternteil das Kind dann allein, soweit er die elterliche Sorge allein ausübt oder diesem Elternteil die Entscheidungsbefugnis durch das Gericht übertragen wurde.

Zur gesetzlichen Vertretung zählen nicht nur rechtsgeschäftliche Handlungen, sondern sämtliche Rechtshandlungen, die ein minderjähriges Kind betreffen.

Beispiele *Einwilligung in eine bestimmte ärztliche Behandlung oder Operation, Zustimmung zur Adoption oder Anträge bei Behörden.*

Ausübung der elterlichen Sorge
Nicht miteinander verheiratete Eltern können nur dann die gemeinsame elterliche Sorge ausüben, wenn sie eine so genannte gemein-

same Sorgeerklärung abgeben haben. Die gemeinsame Sorgeerklärung muss öffentlich beurkundet werden. Eine solche Beurkundung kann durch einen Notar oder das Jugendamt erfolgen.

 Der nicht verheiratete Vater eines Kindes muss eine öffentliche beurkundete Sorgerechtserklärung haben, um elterliche Sorgerechte wahrnehmen zu können.

Was passiert mit der Ausübung der gemeinsamen elterlichen Sorge für das Kind während des Getrenntlebens?

Steht Ihnen und Ihrem Partner die elterliche Sorge gemeinsam zu, so müssen Sie die Entscheidungen von erheblicher Bedeutung mit Ihrem Ehepartner im gegenseitigen Einvernehmen für Ihr Kind treffen.

Hält sich Ihr Kind gewöhnlich bei Ihnen auf und betreuen Sie es dort nahezu allein, können Sie Entscheidungen des täglichen Lebens ohne Einvernehmen des anderen Elternteils allein für das Kind treffen.

Stellt sich nun die Frage: Was sind Entscheidungen des täglichen Lebens? Entscheidungen des täglichen Lebens sind in der Regel solche, die häufig vorkommen und keine schwer abzuändernden Auswirkungen auf die Entwicklung des Kindes haben.

Die Rechtsprechung hat zu dieser auslegungsfähigen Definition eine Reihe von Einzelfallentscheidungen hervorgebracht, da eine exakte allgemeingültige Abgrenzung der Entscheidungen des „täglichen Lebens" zu denen „von erheblicher Bedeutung" nicht möglich ist.

Eine grobe Orientierung sollen Ihnen die nachfolgenden Schlagwörter vermitteln.

Angelegenheiten von erheblicher Bedeutung:

■ Auswanderung mit dem Kind ins Ausland,

■ Schulwechsel,

- Schulform der weiterführenden Schule (Waldorfschule etc.),

- gravierende ärztliche Behandlungen, Operationen,

- Urlaubsreisen, wenn es über eine „normale" Urlaubsreise hinausgeht, bspw. kleine Kinder reisen in Länder mit unvertrautem Kulturkreis,

- Bestimmung des Umgangs des Kindes mit Bezugspersonen (Großeltern),

- Verwaltung eines größeren Geldbetrages,

- Wohnungsumzug über eine größere Entfernung, da es Einfluss auf das Umgangsrecht des anderen Elternteils haben kann,

Angelegenheiten des täglichen Lebens:

- Wohnungsumzug über kurze Entfernung,

- Verwaltung kleinerer Geldgeschenke,

- die Wahl der Hobbys und Sportaktivitäten des Kindes,

- übliche ärztliche Behandlungen (wie bspw. der regelmäßige Besuch beim Zahnarzt),

- die Beantragung eines Kinderausweises.

Das Gesetz sieht allerdings auch eine Ausnahme vom Grundsatz der gemeinsamen Ausübung der elterlichen Sorge vor.

Alleinsorge
Danach kann die alleinige elterliche Sorge auf einen Elternteil übertragen werden, wenn der andere Elternteil der Übertragung zustimmt. Hat Ihr Kind allerdings das 14. Lebensjahr vollendet und widerspricht es der Übertragung, dann ist eine Übertragung nicht möglich. Das ist auch gut so, da es schlussendlich um das Wohl des Kindes geht und dieses richtigerweise ein Mitspracherecht haben muss, wer in welchem Umfang über seine Belange zu entscheiden hat.

Der in der Praxis jedoch häufiger vorkommende Fall ist der, dass der eine Elternteil die Übertragung der alleinigen elterlichen Sorge beantragt und der andere diesem Antrag ausdrücklich widerspricht.

In diesem Fall steht die Frage nach dem Wohl des Kindes noch mehr im Vordergrund. Auch bei dieser Prüfung kommt es sehr stark auf den Einzelfall an, so dass allgemeingültige Antworten auf die Fragen, was entspricht und was entspricht nicht dem Kindeswohl, nicht gegeben werden können.

Es haben sich in der Praxis allerdings Kriterien herauskristallisiert, mit denen der unbestimmte Begriff des Kindeswohls ausgefüllt werden kann.

Das Förderungsprinzip

Hier müssen Sie sich fragen, bei welchem Elternteil wird das Kind voraussichtlich die besseren Entwicklungsbedingungen erhalten. Hierbei ist von Bedeutung die Erziehungsfähigkeit der Eltern, deren Persönlichkeit sowie ihre äußeren Lebensumstände (bspw. in Vollzeit oder in Teilzeit arbeitend), jedoch Achtung: In dieser Frage liegt ein sehr hohes Streitpotential! Bevor man sich hier als Eltern gegenseitig als pädagogisch unfähig bzw. minderfähig beschimpft und damit zu keiner Lösung kommt, sollte man sich der Hilfe Dritter (Auskunft gibt Ihnen bspw. das zuständige Jugendamt) bedienen.

Das Kontinuitätsprinzip

Hier ist unter anderem zu fragen: Bei welchem Elternteil ist das Kindesinteresse an einer kontinuierlichen Entwicklung besser gewährleistet? Es sind örtliche wie auch persönliche Beständigkeit zu berücksichtigen.

Der Kindeswille

Hier geht es darum: Welche Regelung entspricht dem Willen und den Neigungen des Kindes? Mit zunehmendem Alter des Kindes gewinnt dieses Kriterium an Bedeutung.

Die Elternbindung
Es ist zu beurteilen, zu welchem Elternteil das Kind die tragfähigere emotionale Bindung hat.

Die Geschwisterbindung
Hier ist zu fragen, bei welcher Regelung die Bindungen des Kindes zu seinen Geschwistern am besten gewahrt werden.

Teile der elterlichen Sorge
Es kann auch nur ein Teilbereich der elterlichen Sorge auf einen Elternteil übertragen werden. In der Vielzahl der Fälle wird dies das so genannte Aufenthaltsbestimmungsrecht sein.

Die Übertragung des Aufenthaltsbestimmungsrechts auf einen Elternteil unterliegt gleichfalls einer Kindeswohl-Prüfung.

Umgangsrecht
Grundsätzlich hat das Kind ein Recht auf Umgang mit jedem Elternteil, unabhängig davon, ob die Eltern verheiratet sind oder waren und ob sie die elterliche Sorge gemeinsam ausüben oder ob dies nur ein Elternteil tut.

Dieser Grundsatz macht ganz deutlich, dass das Kind Recht auf Umgang mit beiden Elternteile in gleichem Maße hat.

Allerdings darf aus dem Recht keine zwingende Pflicht werden.

So hat der Bundesgerichtshof erst vor kurzem entschieden, dass Eltern grundsätzlich nicht zum Umgang mit einem nichtehelichen Kind gezwungen werden dürfen. Ein solcher Druck diene in der Regel nicht dem Kindeswohl. Grundsätzlich haben Kinder zwar einen eigenen Anspruch, ihre anderswo lebenden Eltern zu treffen. Allerdings ist staatlicher Zwang – wie in dem entschiedenen Fall die Anordnung von Zwangsgeld gegen den umgangsunwilligen Vater – in der Regel nicht geeignet.

Wie immer gibt es jedoch auch Ausnahmefälle, in denen das Recht des Kindes auf Umgang mit seinen Eltern doch mit der Androhung von Zwangsgeld durchgesetzt werden kann. Voraussetzung ist aber, dass dies dem Wohl des Kindes dient. Denkbar ist dies bspw. bei Jugendlichen, die psychisch gefestigt sind und ausdrücklich den Wunsch äußern, ihren Vater oder ihre Mutter sehen zu wollen. Dann kann man eine zwangsweise Durchsetzung des Umgangs als im Sinne des Kindes ansehen.

Es bleibt demnach dabei, dass die Umgangspflicht der Eltern in der Praxis häufig schwer durchsetzbar ist. Sei es, dass der Elternteil, der Umgang gewähren soll diesen ständig unterbindet oder dass der Elternteil, der Umgang ausüben soll, sich diesem entzieht.

Ob erzwungener Umgang noch dem Kindeswohl entspricht, ist – wie bereits erwähnt – somit individuell unter Berücksichtigung der Gesamtumstände zu prüfen.

Abschließend zu diesem Thema sei noch die so genannte Wohlverhaltenspflicht der Eltern erwähnt. Diese Pflicht beinhaltet, dass diese alles zu unterlassen haben, was das Verhältnis des Kindes zum jeweils anderen Elternteil beeinträchtigen oder die Erziehung erschweren kann.

Der betreuende Elternteil ist verpflichtet, aktiv die Umgangsbereitschaft des Kindes mit dem anderen Elternteil zu fördern. Die vielfach in der Praxis gehörte Äußerung des betreuenden Elternteils: „Das Kind hat keine Lust seinen Vater/seine Mutter zu sehen, dagegen kann ich doch auch nichts machen …!" genügt dieser Wohlverhaltenspflicht nicht. In einem solchen Fall ist der betreuende Elternteil verpflichtet, herauszufinden, warum das Kind den anderen Elternteil nicht sehen will, um gegebenenfalls Missverständnisse aufzuklären. Auch das „Schmackhaftmachen" auf den bevorstehenden Umgang mit dem anderen Elternteil gehört zu dieser Verhaltenspflicht.

Hier kann vielfach die Unterstützung bzw. Vermittlung Dritter zwischen den Elternteilen äußerst hilfreich sein.

Art und Dauer des Umgangs

Hinsichtlich Art und Dauer des Umgangs wird in der Praxis immer wieder gerne die klassische Regelung gewählt: Jedes 2. Wochenende und die Hälfte der Schul- oder Kindergartenferien. Hiergegen ist nichts zu sagen, allerdings sollte man bei der Festlegung des Umgangs die Alltags- und Berufssituation aller Beteiligten ausreichend berücksichtigen. Das soll jedoch nicht bedeuten, dass der Umgang unregelmäßig und immer wieder neu verhandelbar stattfindet. Wichtig ist und entspricht damit dem Kindeswohl, dass das betroffene Kind sich auf einen **regelmäßigen** Umgang einstellen kann, gleich in welcher Art und Umfang er stattfindet.

Vaterschaftsfeststellung

An dieser Stelle soll auch das neue Vaterschaftsfeststellungsgesetz nicht unerwähnt bleiben, welches gerade für die Punkte Unterhalt und elterliche Sorge bzw. Umgangsrecht von grundlegender Bedeutung ist.

Das neue Gesetz zur Vaterschaftsfeststellung ist am 1. April 2008 in Kraft getreten. Mit diesem Gesetz ist es nunmehr möglich, die genetische Abstammung eines Kindes unabhängig von der Anfechtung der Vaterschaft feststellen zu lassen.

Das heißt, Sie benötigen nunmehr kein kosten- und zeitaufwendiges gerichtliches Verfahren mehr, um die Voraussetzungen für die Feststellung Ihrer biologischen Vaterschaft zu erfüllen.

Es dürfte auf der Hand liegen, dass die Frage, von wem ein Kind abstammt, für eine Familie von existentieller Bedeutung ist. Der rechtliche und tatsächlich versorgende Vater möchte wissen, ob er auch der biologische Vater ist. Auch das Kind möchte wissen, von wem es abstammt, und es kommt auch vor, dass die Mutter Klarheit schaffen will. Das Interesse auf Klärung der Vaterschaft ist für alle drei Personen verfassungsrechtlich geschützt.

Vor Inkrafttreten des Gesetzes wurde in der Praxis die Frage der Abstammung immer häufiger mit Hilfe von heimlichen Gen-Tests beantwortet. Da jedoch genetische Daten zu den persönlichsten Informationen gehören, die es über einen Menschen gibt, war dies ein untragbarer Zustand. Beispielsweise heimlich die Haare oder den Speichel eines Kindes in einem Labor untersuchen zu lassen, stellt einen schwerwiegenden Verstoß gegen das informationelle Selbstbestimmungsrecht des Kindes dar.

Auch wenn die Frage der Abstammung bislang schon problemlos in einem privaten Gutachten geklärt werden konnte, wenn sich alle Betroffenen **einverstanden erklärten**, so wurde es ziemlich aufwendig, wenn sich einer der Betroffenen sperrte. Dann blieb dem rechtlichen Vater nach bisherigem Recht nur die Möglichkeit einer Anfechtungsklage, die innerhalb einer Frist von zwei Jahren nach Kenntnis der gegen die Vaterschaft sprechenden Umstände erhoben werden musste.

Im Laufe eines solchen Verfahrens konnte zwar die Abstammung geklärt werden. Stellte sich allerdings dann heraus, dass der rechtliche Vater nicht der biologische Vater ist, wurde zwangsläufig das **rechtliche** Band zwischen Vater und Kind gleich mit zerrissen.

Somit bestand bislang bei fehlender Einwilligung in die Untersuchung keine Möglichkeit, die Abstammung zu klären, ohne Konsequenzen für die rechtliche Beziehung zwischen Vater und Kind fürchten zu müssen.

Härteklausel

Allerdings gibt es auch nach dem neuen Gesetz eine so genannte Härteklausel. Diese berücksichtigt vor allem das Kindeswohl. Vielfach sind Kinder zutiefst verunsichert, wenn sie erfahren, dass ihr rechtlicher Vater nicht der „echte" Vater ist. Aus diesem Grunde sieht das Gesetz vor, dass das Kind stabil genug sein muss, um eine solche Information verkraften zu können. Kann das nicht gewährleistet werden, greift die Härteklausel des Gesetzes.

Seit 1.4.2008 gibt es somit nun zwei Verfahren: Das Verfahren auf Klärung der Abstammung und die Anfechtung der Vaterschaft

Anspruch auf Klärung der Abstammung
Nun haben Vater, Mutter und Kind jeweils gegenüber den anderen beiden Familienangehörigen einen Anspruch auf Klärung der Abstammung. Das heißt, die Betroffenen **müssen** in die genetische Abstammungsuntersuchung einwilligen und die Entnahme der erforderlichen Proben dulden.

Der Anspruch ist an keine weiteren Voraussetzungen geknüpft. Auch Fristen sind nicht vorgesehen. Willigen die anderen Familienangehörigen nicht in die Abstammungsuntersuchung ein, wird ihre Einwilligung grundsätzlich vom Familiengericht ersetzt.

Um dem Kindeswohl in außergewöhnlichen Fällen (besondere Lebenslagen und Entwicklungsphasen) Rechnung zu tragen, kann das Verfahren ausgesetzt werden. Damit wird sichergestellt, dass der Anspruch nicht ohne Rücksicht auf das minderjährige Kind zu einem ungünstigen Zeitpunkt durchgesetzt werden kann.

Beispiel *Das Kind ist durch eine Magersucht in der Pubertät so belastet, dass das Ergebnis eines Abstammungsgutachtens seinen krankheitsbedingten Zustand gravierend verschlechtern könnte (z. B. akute Suizidgefahr). Geht es dem Kind wieder besser, kann der Betroffene einen Antrag stellen, das Verfahren fortzusetzen.*

Verfahren zur Anfechtung der Vaterschaft
Das Anfechtungsverfahren können Sie unabhängig von dem Verfahren zur Durchsetzung des Klärungsanspruchs führen.

Zweifeln Sie an Ihrer Vaterschaft, so haben Sie die Wahl, ob Sie eines oder beide Verfahren, d. h. zunächst Klärungsverfahren und dann Anfechtungsverfahren, in Anspruch nehmen wollen.

Für die Anfechtung der Vaterschaft gilt auch weiterhin eine Frist von zwei Jahren. Die Anfechtungsfrist gibt Ihnen als Betroffenem eine ausreichende Überlegungsfrist und schützt die Interessen Ihres Kindes am Erhalt gewachsener familiärer Bindungen. Nach Fristablauf tritt Rechtssicherheit ein.

Für Sie bedeutet das: Erfahren Sie von Umständen, die Sie ernsthaft an Ihrer Vaterschaft zweifeln lassen, müssen Sie Ihre Vaterschaft innerhalb von zwei Jahren anfechten.

Die Anfechtungsfrist wird gehemmt, d. h. aufgeschoben, wenn Sie als Vater ein Verfahren zur Klärung der Abstammung durchführen.

Beispiel *Das Kind wird im Juni 1998 geboren. Der Ehemann (also der rechtliche Vater) erfährt im Juni 2008, dass seine Ehefrau im Herbst 1997 eine außereheliche Affäre hatte. Der Ehemann hat zwei Jahre Zeit, um seine Vaterschaft anzufechten. Die Frist läuft ab Kenntnis der Umstände, die ihn an seiner Vaterschaft zweifeln lassen – also ab Juni 2008. Lässt der Ehemann die Abstammung zunächst gerichtlich klären, wird die Anfechtungsfrist gehemmt. Sie läuft erst sechs Monate, nachdem eine rechtskräftige Entscheidung im Klärungsverfahren ergangen ist, weiter. Ergeht also im Dezember 2008 eine rechtskräftige Entscheidung, läuft die Frist ab Juni 2009 wieder bis Juni 2011.*

Der Hausrat und die Ehewohnung

Weitere Bereiche, die regelmäßig bei Auseinandersetzungen von Bedeutung sind, sind Hausrat und Ehewohnung.

Der Hausrat

Den Hausrat sollten beide Eheleute außerhalb des Scheidungsverfahrens einvernehmlich aufteilen. Dies kann auch mittels einer vertraglichen Regelung erfolgen.

Zum Hausrat gehören Gegenstände, die im Haushalt der Eheleute genutzt wurden. Dabei ist Haushalt nicht gleichbedeutend mit der Wohnung, so dass auch ein Auto oder ein Wochenendhaus zum Hausrat gehören können.

Zum Haushalt gehören alle Gegenstände, die Ihnen mit Ihrem Ehepartner der gemeinsamen Lebensführung dienen (Möbel, Geschirr, Unterhaltungselektronik, Wäsche, Sportgeräte, Kunstgegenstände).

Auf das Eigentum kommt es nicht an. Deshalb können sowohl Gegenstände, die Ihnen beiden gehören, also auch Gegenstände, die nur Ihnen oder Ihrem Ehepartner gehören, zum Hausrat zählen.

Selbst gemietete oder geleaste Sachen können zum Hausrat gehören.

Nicht zum Hausrat gehören Luxusgegenstände, die nicht der Lebensführung dienen, sondern nur der Vermögensanlage.

Nicht zum Hausrat gehören auch Ihre persönlichen Sachen oder die Ihres Partners, also Gegenstände, die nur zum alleinigen Gebrauch bestimmt sind (dies werden überwiegend die persönliche Kleidung, Kosmetika etc. sein).

Nicht zum Haushalt gehören schließlich noch Gegenstände, die der Berufsausübung dienen, also z. B. Arbeitskleidung, Werkzeuge, Arbeitszimmer. Ein Computer gehört nicht zum Hausrat, wenn er überwiegend für berufliche Zwecke benutzt wurde.

Die Einordnung eines Pkw ist in der Regel nicht ganz einfach. Wurde er überwiegend für berufliche Zwecke benutzt, ist er bereits deshalb kein Hausrat. Das Gleiche gilt, wenn er überwiegend von Ihnen oder Ihrem Partner für sich persönlich genutzt wurde. Wurde der Pkw aber ganz überwiegend für Familienzwecke genutzt (Einkaufen, Kinder zur Schule bringen, Ausflüge, Urlaubsfahrten), gehört er zum Hausrat – unabhängig von der Eigentumslage. Haben Sie beide jeweils einen Pkw, so gehören diese in der Regel nicht zum Hausrat. Als Orientierung gilt: Sind Sie oder Ihr Ehepartner nicht berufstätig, so dient ein Zweitwagen in der Regel der Familiennutzung, ist also Hausrat.

Eine Einbauküche ist in der Regel dann zum Hausrat zu zählen, wenn man sie ohne Zerstörung ausbauen und in einer anderen Wohnung wieder einbauen kann.

Die Hausratsteilung kann auch im Scheidungsverfahren durch den Richter erfolgen. Dieser entscheidet dann nach billigem Ermessen, wer welche Hausratsgegenstände erhält. Hiervon ist allerdings dringend abzuraten!

Die Verteilung des Hausrats durch das Gericht setzt voraus, dass **sämtliche** Hausratsgegenstände gelistet werden, d.h. jeder Topflappen, jede Gabel, jedes Glas etc. Im Anschluss daran muss jeder einzelne Gegenstand mit einem Wert versehen werden.

Vielfach sind es ideelle Werte, die jeder mit einem einzelnen Gegenstand verbindet, so dass eine objektive wertmäßige Einschätzung des Hausrats nahezu unmöglich ist.

Beispiel *Der Topflappen, den Ihre kleine Tochter in der Grundschule für Sie gehäkelt und auch schon bessere Tage gesehen hat, soll was für einen Wert haben?*

Die Wertangaben sind jedoch für eine exakte Teilung des Hausrats zwingend notwendig. Nehmen Sie an, Sie wollen den 10 Jahre alten Esstisch nebst 6 Stühlen behalten und Ihr Partner den Fernseher. Um nun feststellen zu können, ob das „gerecht" ist, müssen beide Dinge wertmäßig beziffert werden.

Das endet schlussendlich in einem zeit- und kostenaufwendigen Gutachten über den Wert Ihres gesamten Hausrates, was nicht empfehlenswert ist!

Sinnvoll kann es allerdings sein, für die Dauer des Getrenntlebens beim Familiengericht eine Regelung zu beantragen, wer welche Hausratsgegenstände während dieser Zeit benutzen darf.

Mit der **Scheidung** der Ehe ist der Hausrat dann endgültig aufzuteilen. Dabei ist nach Möglichkeit – wie bereits oben erwähnt – eine einvernehmliche Regelung zu finden.

Zur Vorbereitung einer Hausratsteilung ist es sicherlich sinnvoll, dass Sie den gesamten ehelichen Hausrat zunächst grob in einer Inventarliste zusammenstellen. Vorab sollten Sie die Teile, die Sie und Ihr Partner ohne Probleme dem anderen überlassen können, streichen. Anschließend sollten Sie versuchen, sich auch über den verbleibenden Teil zu einigen. Kompromissbereitschaft ist gerade hier zwingend erforderlich. Vor allem sollten Sie bedenken, dass Sie auch wirklich nur die Hausratsteile beanspruchen, mit denen Sie tatsächlich etwas anfangen können.

Beispiel *Es macht ja keinen Sinn, dass Sie partout die Einbauküche wollen, obgleich Sie bereits wissen, dass Ihre neue Wohnung eine komplett neue beinhaltet und die alte erheblich an Wert verlieren würde, sollten man sie aus der Ehewohnung entfernen.*

Trick für eine gerechte Hausratsteilung kann sein, dass einer die Liste in zwei Teile aufteilt, und zwar so, wie er es für gerecht ansieht, und der andere nun wählen darf, welche Seite er haben möchte. Dies erinnert zwar an Kindertage, in denen der Bruder oder die Schwester den Kuchen teilen und Sie dafür aber das Stück auswählen durften, ist jedoch grundsätzlich eine gerechte Lösung!

Vielfach wird auch die Möglichkeit genutzt, dass derjenige, der in der Ehewohnung verbleibt, den gesamten Hausrat übernimmt und im Gegenzug dem anderen einen entsprechenden Ausgleichsbetrag bezahlt.

Allerdings besteht für denjenigen, der lieber Geld als Hausrat möchte, kein Anspruch auf eine Ausgleichszahlung. Dies bedeutet, sollten Sie von Ihrem Partner lieber Geld als Ihren Hausratsanteil haben wollen, dieser jedoch nicht zahlen und nur Ihren Hausratsanteil herausgeben will, Sie keinen Anspruch auf Zahlung eines Ausgleichsbetrags haben.

Gerichtliche Teilung
Schaffen Sie eine außergerichtliche Hausratsteilung nicht, nimmt das Familiengericht auf Antrag die Hausratsteilung vor. Es weist je-

den einzelnen Gegenstand Ihnen oder Ihrem Ehegatten zu. Dieser wird dadurch Alleineigentümer der ihm zugewiesenen Gegenstände. Das Gericht geht dabei wie folgt vor:

Hausratsgegenstände, die im **Alleineigentum eines Ehegatten** stehen verbleiben im Normalfall bei diesem. Nur wenn ausnahmsweise der andere auf die Benutzung dieses Gegenstandes angewiesen ist, erfolgt eine Zuweisung an ihn. Dann kann das Gericht allerdings eine Ausgleichszahlung anordnen.

Hausratsgegenstände, die im **Miteigentum beider** stehen, verteilt das Familiengericht gerecht und zweckmäßig. Bei der Entscheidung kann die Versorgung minderjähriger Kinder, die bisherige Nutzung dieses Gegenstandes und auch die finanziellen Verhältnisse der Eheleute eine Rolle spielen. Auch hier ist die Anordnung einer Ausgleichszahlung möglich.

Sonderfall Hund
Bleibt für jeden Hundebesitzer die Frage, was mit dem Hund passiert?

Eine Umgangsregelung durch Anwendung der gesetzlichen Vorschriften für das Umgangsrecht mit Kinder können Sie bei Gericht nicht erwirken. Der Hund ist nach wie vor dem Hausrat zuzurechnen.

Grundsätzlich gilt, dass es das Beste für den Hund ist, wenn er in seiner bisherigen Umgebung verbleibt. Allerdings ist – soweit der Partner, welcher die Ehewohnung verlässt, eine starke Bindung zu dem Tier hat – ein so genanntes Besuchsrecht gerichtlich durchsetzbar. Damit wird dem Rechtsgedanken des § 90 a BGB – Tiere sind keine Sachen, werden aber rechtlich regelmäßig wie Sachen behandelt – Rechnung getragen.

Auch hier denken Sie daran: Es gilt nicht, dem anderen Partner zu schaden oder ihn zu ärgern, sondern für Ihren Hund die beste Lösung zu finden!

Die nachfolgenden Listen sollen Ihnen das Zusammenstellen Ihres Hausrats erleichtern.

Hausratsliste A: Gemeinsames Eigentum
Diese Liste enthält die **Hausratsgegenstände**, die

- in der Ehe für den gemeinsamen Haushalt angeschafft wurden (unabhängig davon, wer sie bezahlt hat),

- vor der Ehe für den gemeinsamen Haushalt angeschafft und in der Ehe ganz oder teilweise bezahlt wurden (unabhängig davon, wer sie bezahlt hat),

- Sie und Ihr Ehegatte aus Anlass der Hochzeit oder während der Ehe gemeinsam geschenkt erhalten haben.

Gegenstand (Genaue Bezeichnung)	Zeitpunkt der Anschaffung	Zeitwert (geschätzt)?	Wer will den Gegenstand haben?	Wer besitzt den Gegenstand z. Zt.?

Hausratsliste B: Alleineigentum des einen Ehegatten
Diese Liste enthält die **Hausratsgegenstände**, die **Sie**

- in die Ehe eingebracht haben,

- in die Ehe eingebracht haben und die später ersetzt wurden,

- in der Ehe nachweislich für sich selbst erworben, geerbt oder persönlich geschenkt erhalten haben.

Gegenstand (Genaue Bezeichnung)	Zeitpunkt der Anschaffung	Zeitwert (geschätzt)?	Wer will den Gegenstand haben?	Wer besitzt den Gegenstand z. Zt.?

Hausratsliste C: Alleineigentum des anderen Ehegatten
Diese Liste enthält die **Hausratsgegenstände**, die **Ihr Ehepartner**

- in die Ehe eingebracht hat,

- in die Ehe eingebracht hat und die später ersetzt wurden,

- in der Ehe nachweislich für sich selbst erworben, geerbt oder persönlich geschenkt erhalten hat.

Gegenstand (Genaue Bezeichnung)	Zeitpunkt der Anschaffung	Zeitwert (geschätzt)?	Wer will den Gegenstand haben?	Wer besitzt den Gegenstand z. Zt.?

 Die Ehewohnung
In der Regel stellt sich die Frage: Muss ich die gemeinsame Ehewohnung oder das Haus verlassen oder darf ich darin wohnen bleiben?

Können Sie sich mit Ihrem Ehepartner nicht einigen, wer in der gemeinsamen Wohnung oder in dem gemeinsamen Haus bleibt, wird das Gericht eine Regelung herbeiführen.

Das Gericht kann eine vorläufige Entscheidung bis zum Zeitpunkt der Scheidung treffen. Dabei wird berücksichtigt, ob Sie oder Ihr Ehepartner mehr auf die vorhandene Wohnung oder das Haus angewiesen ist.

Hierbei spielen

- Beruf (ein Ortswechsel würde den Verlust Ihres Arbeitsplatzes bedeuten und Sie würden ohne weiteres keinen neuen Arbeitsplatz finden können),

- Kinder (müssten diese etwa aus ihrer gewohnten Umgang mit Kindergarten/Schule und Freunden genommen werden, führte dies zu einer zusätzlichen Belastung neben der Trennung der Eltern und

■ Einkommen

eine entscheidende Rolle. Wenn soziale Gesichtspunkte überwiegen, tritt die Eigentumsfrage in den Hintergrund.

Ist die Scheidung rechtskräftig, spielt das Eigentum am Haus/an der Wohnung eine wichtigere Rolle als vor der Scheidung. Grundsätzlich sind aber auch hier soziale Gesichtspunkte zu berücksichtigen. Kann sich das Paar auch nach der Scheidung nicht einigen, muss wieder das Gericht eine Regelung treffen.

In der gemeinsamen Immobilie verbleiben darf derjenige, der nach Meinung des Gerichts dringender auf die Wohnung oder das Haus angewiesen ist. Beruf, Kinder und Einkommen spielen dabei wieder eine entscheidende Rolle.

Es dürfte klar sein, dass auch hier wieder eine gerichtliche Regelung vermieden werden sollte. Wenn möglich, klären Sie die Frage, wer wie lange in der gemeinsamen Wohnung verbleiben darf, recht bald nach der Trennung. Insbesondere wenn gemeinsame Kinder vorhanden sind, ist es für diese besonders wichtig, ein festes und gewohntes Umfeld zu haben.

Wohnen Sie zur Miete, ist dringend anzuraten, sich schnellstmöglich mit dem Vermieter in Verbindung zu setzen, um abzuklären, ob er sich mit dem Abschluss eines Mietvertrages nur mit einem Ehepartner einverstanden erklären würde oder nicht.

Das Güterrecht und der Versorgungsausgleich

Die rechtlichen Auswirkungen einer Eheschließung auf das Vermögen der Ehegatten und die vermögensrechtlichen Beziehungen der Ehegatten zueinander sind im Ehegüterrecht geregelt.

Das Gesetz kennt drei Güterstände:

- **Zugewinngemeinschaft:** Sie ist der gesetzliche Güterstand; sie tritt per Gesetz ein, wenn Sie mit Ihrem Ehepartner durch Ehevertrag nichts anderes vereinbart haben und hat den späteren Ausgleich des Zugewinns zur Folge.

- **Gütertrennung:** Sie tritt in der Regel ein, wenn Sie dies mit Ihrem Ehepartner ehevertraglich vereinbart haben, z.B. durch Ausschluss des gesetzlichen Güterstandes, also der Zugewinngemeinschaft.

- **Gütergemeinschaft:** Sie ist ein vertraglicher Güterstand, d.h. diesen Güterstand können Sie mit Ihrem Partner nur durch Ehevertrag begründen!

Die Zugewinngemeinschaft

Zugewinngemeinschaft bedeutet Gütertrennung mit späterem Ausgleich des Zugewinns. Dies ist vom Gesetzgeber als Regelfall vorgesehen.

Die Ehe führt somit nicht automatisch zu gemeinschaftlichem Eigentum der Ehegatten. Sie und Ihr Ehegatte behalten vielmehr Ihr vor und während der Ehe erworbenes Vermögen als Ihr Eigentum.

In der Zugewinngemeinschaft haftet jeder für seine eigenen Schulden und nicht für die des anderen Ehegatten. Eine Ausnahme besteht nur für die Geschäfte zur angemessenen Deckung des Lebensbedarfs der Familie, etwa beim Lebensmittelkauf (sog. Schlüsselgewalt).

Die Bedeutung des Zugewinnausgleichs ist heute besonders hoch, da etwa jede dritte Ehe geschieden wird.

Das Recht des Zugewinnausgleichs bestimmt, dass die Eheleute je zur Hälfte an den Vermögenszuwächsen aus ihrer Ehe – also dem Zugewinn – beteiligt werden.

Reformpläne
Die von der Bundesregierung geplante Gesetzesnovelle hält an dem bewährten Grundsatz fest, wonach die während der Ehe erworbenen Vermögenswerte zu gleichen Teilen auf die Ehepartner zu verteilen sind.

Die Berechnung bleibt auch künftig stark schematisiert, denn ein Güterstand muss einfach, klar, praktisch und leicht handhabbar sein.

Allerdings soll die Gesetzesänderung insbesondere berücksichtigen, wenn in der Ehe Schulden aus der vorehelichen Zeit getilgt werden. Falls ein Minus auf dem Konto verschwindet, ist das schließlich auch ein wirtschaftlicher Erfolg!

Inwieweit und vor allem wann eine solche Gesetzesänderung in Kraft treten wird, war bei Redaktionsschluss leider noch nicht bekannt.

Verfügungen über das Vermögen
Grundsätzlich können Sie Ihr Vermögen selbst verwalten und in aller Regel auch frei darüber verfügen. Allerdings gibt es hierzu die nachfolgenden Ausnahmen.

Wollen Sie über Ihr gesamtes Vermögen verfügen, so benötigen Sie die Zustimmung Ihres Ehegatten, etwa wenn Sie Ihr Geschäft oder Ihr Grundstück veräußern wollen, das Ihr Vermögen **im Ganzen** ausmacht, d. h. nach der Veräußerung bleibt nichts mehr übrig.

Wollen Sie über Gegenstände verfügen, die zwar in Ihrem Alleineigentum stehen, die aber zum ehelichen Haushalt gehören, benötigen Sie ebenfalls die Zustimmung des anderen, etwa wenn Sie ihm gehörende Möbelstücke oder Haushaltsgeräte veräußern wollen.

Berechnung des Zugewinns
Zugewinn ist der Vermögenszuwachs, den Sie und Ihr Partner während der Ehe erzielen. „Zugewinngemeinschaft" bedeutet, dass bspw. Sie mit dem geringeren Zugewinn an dem Vermögenszuwachs Ihres Ehegatten beteiligt werden.

Wie lässt sich der Vermögenszuwachs ermitteln?
Ganz einfach: Jeder Ehepartner listet auf, was er an Vermögen bei Eheschließung – es gilt das Datum der Eheschließung – hatte (**Anfangsvermögen**).

Das Gleiche gilt für den Zeitpunkt des Endes des Güterstandes (**Endvermögen**). Hier spielt bspw. die Zustellung Ihres Scheidungsantrages an den Ehepartner eine Rolle.

Nun müssen Sie sehen, ob Sie und/oder Ihr Partner im Endvermögen einen höheren Betrag stehen haben als im Anfangsvermögen oder nicht (Endvermögen – Anfangsvermögen = Zugewinn).

Ist der Betrag gleich hoch oder gar geringer, wurde kein Zugewinn erwirtschaftet. Ist der Betrag allerdings bei Ihnen und/oder bei Ihrem Ehepartner im Endvermögen höher als im Anfangsvermögen, dann wurde Zugewinn erwirtschaftet.

Beispiel *Sie haben bei Eheschließung ein Vermögen von 50.000 EUR, Ihr Partner hatte nichts. Bei Beendigung des Güterstandes haben Sie nur noch 20.000 EUR, da Sie während der Ehe die restlichen 30.000 EUR immer wieder zur Auffüllung des Haushaltskontos verwandt haben, weil Ihr Partner zu Beginn der Ehe studierte und über kein Einkommen verfügte. Allerdings konnte Ihr Partner in den letzten Ehejahren aufgrund sehr guter Verdienstmöglichkeiten diverse Wertpapiere allein auf seinen Namen kaufen, die am Ende des Güterstandes einen Wert von 100.000 EUR haben. Ihr Ehepartner hat somit während der Ehezeit einen Vermögenszuwachs in Höhe von 100.000 EUR erwirtschaftet und Sie 0. Dies macht eine Differenz von 100.000 EUR aus, wobei Ihnen die Hälfte zusteht, somit 50.000 EUR. Ihre „Investition" in die Ausbildung Ihres Partners in*

Höhe von 30.000 EUR haben Sie somit auf diesem Wege zurückerhalten.

Variante Ihnen beiden gehören die Wertpapiere in Höhe von 100.000 EUR zu gleichen Teilen. Dann verfügen Sie über ein Endvermögen von 70.000 EUR und Ihr Ehemann von 50.000 EUR. Auch wenn Sie nun über das höhere Endvermögen verfügen, sind Sie nicht zum Ausgleich verpflichtet, da von Ihren 70.000 EUR die 50.000 EUR vom Anfangsvermögen abgezogen werden müssen, mit dem Ergebnis, dass sich Ihr Zugewinn während der Ehe auf 20.000 EUR und der Ihres Ehemannes auf 50.000 EUR beläuft. Die Differenz (30.000 EUR) und hiervon die Hälfte, somit 15.000 EUR, stehen nun Ihnen als Zugewinnausgleichszahlung zu.

Zum Anfangsvermögen gehören auch Schenkungen und Erbschaften, die der Ehepartner höchstpersönlich auch während der Ehe erhalten hat. Es kann also auch vorkommen, dass bei Eheschließung kein Vermögen vorhanden war, aber bspw. aufgrund einer Erbschaft während der Ehe nun doch Anfangsvermögen vorhanden ist.

Abschließend auch hier wieder der dringende Hinweis: Das oben Dargestellte soll Ihnen nur die Grundlagen einer Berechnung nahe bringen. In der Praxis gibt es jedoch noch weitere Punkte zu beachten, wie bspw. die Indexierung des Anfangsvermögens, die jedoch den Rahmen des Büchleins sprengen würde.

Wie gesagt, zwingende Voraussetzung für die Durchführung des Zugewinnausgleichs ist das Ende des Güterstandes.

Das Ende des Güterstandes kann eintreten durch

■ Tod eines Ehegatten oder

■ Ehescheidung oder

■ vertragliche Vereinbarung eines anderen Güterstandes.

Beim **Tod eines Ehegatten** erfolgt der Zugewinnausgleich pauschal durch Erhöhung des gesetzlichen Erbteils um ein Viertel, unabhängig davon, ob der verstorbene Ehegatte überhaupt einen Zugewinn erzielt hat. Wird der überlebende Ehegatte nicht Erbe – weil er nicht bedacht wurde oder die Erbschaft ausgeschlagen hat –, so kann er die tatsächlich entstandene Zugewinnausgleichsforderung und zusätzlich den sog. kleinen Pflichtteil (berechnet nach dem gesetzlichen Erbteil ohne Erhöhung) geltend machen. In den Fällen des Erb- oder Pflichtteilsverzichts, der Erbunwürdigkeit oder der Pflichtteilsentziehung steht dem überlebenden Ehegatten nur der güterrechtliche Zugewinnausgleich zu.

Endet die Zugewinngemeinschaft in anderer Weise als durch den Tod des Ehegatten, etwa durch Ehescheidung, wird der Zugewinn in einem besonderen Verfahren ausgeglichen. Dieses Verfahren stellt dann eine so genannte Folgesache zum Ehescheidungsverfahren dar.

Die Gütertrennung

Bei der Gütertrennung behält jeder Ehegatte sein Vermögen. Sie und Ihr Partner können Ihr Vermögen allein verwalten und frei darüber verfügen (abgesehen von Geschäften im Rahmen der sog. Schlüsselgewalt, z.B. Einkauf von Lebensmitteln). Für Geschäfte, welche ein Partner im Rahmen der gemeinsamen Lebensführung auch für den anderen getätigt hat, haften Sie nur für Ihre eigenen Schulden.

Der Güterstand der Gütertrennung tritt vor allem ein, wenn Sie dies mit Ihrem Ehegatten durch Ehevertrag ausdrücklich vereinbaren; in bestimmten Fällen kann er auch kraft Gesetzes entstehen, z.B. wenn ein Güterstand aufgehoben oder ausgeschlossen wird, ohne dass ein anderer vereinbart wurde.

Die Gütergemeinschaft

Ein in der Praxis eher selten vorkommender Güterstand ist der der Gütergemeinschaft. Bei diesem Güterstand wird das in die Ehe eingebrachte und das während der Ehe erworbene Vermögen in der Regel gemeinschaftliches Vermögen der Ehegatten (Gesamtgut). Daneben können die Ehegatten Sondergut haben; dies sind Gegenstände, die nicht durch Rechtsgeschäfte übertragen werden können, wie zum Beispiel unpfändbare Forderungen.

Außerdem können einem Ehegatten bestimmte Vermögensgegenstände als Alleineigentum vorbehalten sein (Vorbehaltsgut); dazu gehört insbesondere das durch Ehevertrag zum Vorbehaltsgut erklärte Vermögen oder auch unter bestimmten Voraussetzungen das von einem Ehegatten ererbte Vermögen.

Zusammenfassend bleibt festzuhalten: Sollten Sie nicht den Güterstand der Zugewinngemeinschaft wählen wollen, so müssen Sie dies vertraglich festlegen. Schließen Sie den gesetzlichen Güterstand aus, so tritt **automatisch** der Güterstand der Gütertrennung ein. Wollen Sie die Gütergemeinschaft, dann müssen Sie dies in einem Vertrag ausdrücklich festhalten. In einem solchen Fall ist jedoch dringend anzuraten, für jeden Partner das Sonderbzw. Vorbehaltsgut in unverwechselbarer Form zu beschreiben und zu verfügen, welchem Partner es nach Beendigung des Güterstandes zuzuweisen ist.

Der Versorgungsausgleich

Es ist gesetzlich vorgeschrieben, dass in einem gerichtlichen Scheidungsverfahren – auch in unstreitigen Scheidungsverfahren – der Versorgungsausgleich durch das Gericht geregelt werden muss.

Wie bereits oben erwähnt, müssen Sie und Ihr Partner Fragebögen ausfüllen, in denen Sie angeben, wo Sie während der Ehezeit beruflich tätig waren bzw. ob Sie Kinder betreut und versorgt haben.

Es wird dann berechnet, wie hoch Ihre Rentenansprüche und die Ihres Ehegatten aus der Ehezeit sind. Diese sind in der Regel unterschiedlich hoch. In der klassischen **Hausfrauen**-Ehe hat häufig der Ehemann höhere Rentenansprüche aus der Ehezeit als die Ehefrau.

Es ist gesetzlich vorgeschrieben, dass im Scheidungsfall die Rentenansprüche der Eheleute aus der Ehezeit gleich hoch sein müssen.

Im gerichtlichen Scheidungsurteil wird daher festgelegt, dass vom Rentenkonto eines Ehegatten Rentenansprüchen auf das Rentenkonto des anderen Ehegatten übertragen werden. Dadurch wird erreicht, dass beide Eheleute aus der Ehezeit gleich hohe Rentenansprüche besitzen.

Beispiel *Sie haben aus der Ehezeit Rentenansprüche in Höhe von 500 EUR und Ihr Partner in Höhe von 300 EUR erworben. Es werden von Ihrem Rentenkonto 100 EUR auf das Ihres Partners übertragen, so dass Sie beide schließlich jeweils 400 EUR Rentenansprüche aus der Ehezeit besitzen.*

Wie bereits oben angesprochen, können Sie in einem notariellen Ehevertrag auf die Durchführung des Versorgungsausgleichs verzichten. Der Verzicht ist unwirksam, wenn er nicht vor einem Notar vereinbart wurde. Sollten Sie oder Ihr Partner innerhalb von zwölf Monaten nach Abschluss des notariellen Vertrages einen Scheidungsantrag stellen, ist der Verzicht auf den Versorgungsausgleich unwirksam.

 Sie müssen ein Jahr warten, bis Sie den Scheidungsantrag einreichen dürfen. Ein nach der Eheschließung zeitnah abgeschlossner Ehevertrag ist somit anzuraten!

In Ausnahmefällen kann der Versorgungsausgleich auch ohne notariellen Verzicht ausgeschlossen werden. Es muss dann im Scheidungsverfahren die Genehmigung des Gerichts zum Verzicht auf den Versorgungsausgleich beantragt werden. Das Gericht kann die Genehmigung zum Verzicht auf den Versorgungsausgleich verweigern, wenn der Ausschluss des Versorgungsausgleichs zu einer deutlichen Benachteiligung eines Ehepartners führt. Dem können Sie insoweit vorbeugen, indem Sie folgende Bedingungen erfüllen und dem Gericht vortragen:

■ Beide Eheleute erklären, dass sie den Versorgungsausgleich nicht durchführen wollen.

■ Die Ehe ist von kurzer Dauer – was natürlich nachträglich nicht mehr zu beeinflussen ist.

■ Beide Eheleute sind während der gesamten Ehezeit erwerbstätig gewesen und verfügen zumindest überhaupt über eine Altersversorgung.

■ Das Einkommen der Eheleute ist während der Ehezeit ungefähr gleich hoch gewesen, was bedeutet, dass die Ehepartner ungefähr gleich hohe Anwartschaften für ihre Altersvorsorge erwerben konnten.

Wollen Sie die Genehmigung des Gerichts zum Verzicht auf den Versorgungsausgleich beantragen, müssen Sie dem Gericht schriftlich nachweisen, wie hoch Ihr Einkommen und das Ihres Partners während der Ehezeit war. Diesen Nachweis führen Sie am besten durch Vorlage von Einkommensteuerbescheiden, aus denen sich das Bruttoeinkommen von Ihnen beiden ergibt. Für den Zeitraum, für den Sie keinen Einkommensteuerbescheid vorliegen haben können, weisen Sie die Einkünfte durch Vorlage Ihrer Gehaltsabrechnungen und die Ihres Partners nach.

Checkliste und wichtige Unterlagen

Abschließend finden Sie noch eine Liste mit den Angaben, die Ihrem Anwalt die Arbeit erleichtern und somit zu einer Beschleunigung des gesamten Verfahrens beitragen können.

Name, Vorname, ggf. Geburtsname	
Geburtsdatum, Geburtsort	
Aktuelle Wohnanschrift	
Telefonnummern (Festnetz/Mobil), ggf. Fax	
Staatsangehörigkeit	
Minderjährige gemeinschaftliche Kinder: Name und Geburtsdatum, bei welchem Elternteil sind die Kinder wohnhaft? Minderjährige nicht gemeinschaftliche Kinder: Name und Geburtsdatum, wohnen die Kinder bei Ihnen und/oder zahlen Sie Unterhalt für diese?	
Ehegatte:	
Name, Vorname, ggf. Geburtsname	
Geburtsdatum, Geburtsort	
Aktuelle Wohnanschrift	
Telefonnummern (Festnetz/Mobil), ggf. Fax	
Staatsangehörigkeit	
Minderjährige gemeinschaftliche Kinder: Name und Geburtsdatum, bei welchem Elternteil sind die Kinder wohnhaft? Minderjährige nicht gemeinschaftliche Kinder: Name und Geburtsdatum, wohnen die Kinder bei Ihnen und/oder zahlen Sie Unterhalt für diese?	

Datum, Ort der Eheschließung? Register-Nr. des Standesamtes?	
Güterstand: Gesetzlich oder gibt es eine notarielle Vereinbarung?	
Seid wann leben Sie getrennt? Innerhalb der Wohnung oder sind Sie oder Ihr Ehepartner ausgezogen?	
Wie lautet die Adresse der Wohnung, in der Sie zuletzt gemeinsam mit Ihrem Ehepartner gewohnt haben?	
Wie hoch ist Ihr Netto-Einkommen? Beziehen Sie Sozialleistungen, wenn ja, welche?	
Wie hoch ist das Netto-Einkommen Ihres Ehegatten? Bezieht er Sozialleistungen, wenn ja, welche?	
Gibt es Vereinbarungen/Verträge?	

Darüber hinaus sollten Sie zum Erstberatungsgespräch bei Ihrem Rechtsanwalt, soweit Ihnen diese vorliegen, folgende Unterlagen mitbringen:

Checkliste

- Personalausweis oder Reisepass
- Heiratsurkunde
- Familienstammbuch
- Verdienstbescheinigungen
- Ggf. Vereinbarungen/Verträge

Die wichtigsten Fristen bzw. Stichtage

Ehescheidung

Härtefall-Scheidung

Scheidung bei einer Trennungszeit **unter 1 Jahr** ist nur möglich, wenn dem Antragsteller die Fortsetzung der Ehe nicht zugemutet werden kann und die Gründe hierfür in der Person des Antragsgegners liegen.

Einverständliche Scheidung

Nach Ablauf einer Trennungszeit von **mindestens 1 Jahr** können die Ehepartner geschieden werden, wenn sie dies beide wollen bzw. wenn der eine Partner dem Antrag des anderen zustimmt.

Tatsächlich streitige Scheidung

Nach Ablauf einer Trennungszeit von **3 Jahren** liegen die Voraussetzungen für die Scheidung auch dann vor, wenn der Antragsgegner nicht geschieden werden will.

Eheaufhebung

Antragsfrist zur Aufhebung der Ehe

Der Antrag muss binnen **1 Jahr** ab Entdeckung des Irrtums oder der Täuschung oder mit dem Aufhören der Zwangslage gestellt werden.

Unterhalt

Erneuter Auskunftsanspruch über die Einkünfte und das Vermögen

In der Regel besteht ein Auskunftsanspruch nicht vor Ablauf von **2 Jahren**, es sei denn, der Berechtigte kann glaubhaft machen, dass der Verpflichtete später wesentlich höhere Einkünfte bzw. zusätzliches Vermögen erworben hat.

Unterhalt anlässlich der Geburt	Ein Anspruch auf Unterhalt der Mutter gegenüber dem Vater besteht für die Dauer von **mindestens 3 Jahren** nach der Geburt, und zwar unabhängig davon, ob die Eltern miteinander verheiratet sind oder nicht.
Gerichtliche Vaterschaftsanfechtung	Die Vaterschaft muss gerichtlich binnen **2 Jahren** ab Kenntnis der Umstände, die gegen die Vaterschaft sprechen, ange-fochten werden.

Zugewinnausgleich

Stichtag Endvermögen	Zur Berechnung des Zugewinnausgleichs tritt an die Stelle der Beendigung des Güterstandes die **Rechtshängigkeit des Scheidungsantrags**, d. h. Zustellung des Scheidungsantrags an die Gegenseite.
Berechnung Endvermögen	Vermögensminderungen werden dem Endvermögen nicht zugerechnet, wenn u. a. **10 Jahre** vor Beendigung des Güter-standes diese bereits entstanden ist.
Ausgleichsforderung	Diese verjährt nach **3 Jahren** ab Kenntnis des Ehegatten über die Beendigung des Güterstandes, jedoch längstens nach **30 Jahren** ab Beendigung des Güter-standes.
Vorzeitiger Zugewinn-ausgleich	Leben die Ehepartner seit mindestens **3 Jahren** getrennt, so kann jeder von ihnen den Zugewinnausgleich auch ohne Scheidungsantrag durchführen.

Versorgungsausgleich

Ehezeit

Ehezeit zur Bemessung des Versorgungsausgleichs ist die Zeit vom **Beginn des Monats**, in welchem die **Ehe geschlossen** wurde, bis zum **Endes des Monats**, der der **Rechtshängigkeit des Scheidungsantrages vorausgeht**.

Verjährungsvorschriften, welche sich nach dem Allgemeinen Teil des BGB richten, sowie Rechtsmittelfristen nach der ZPO wurden nicht mit aufgenommen.

Stichwortverzeichnis

Stichwortverzeichnis

Buchanzeigen

RUND UMS RECHT · Ein- und Überblicke

Einstieg

BGB · Bürgerliches Gesetzbuch

mit EinführungsG, BeurkundungsG, ProdukthaftungsG, UnterlassungsklagenG, WohnungseigentumsG, BGB-Informationspflichten-VO, ErbbauRG sowie dem Allgemeinen Gleichbehandlungs G.
Neu mit wichtigen EG-Richtlinien zum BGB.
Mit einem ausführlichen Sachverzeichnis und einer Einführung von Universitätsprofessor Dr. Helmut Köhler.
Stand: 11.7.2008.

Textausgabe.
62. Aufl. 2008. 781 S.
€ 5,–. dtv 5001
Neu im Oktober 2008

Däubler
BGB kompakt
Allgemeiner Teil · Schuldrecht · Sachenrecht.

3. Aufl. 2008. 1304 S.   §
€ 28,90. dtv 5693
Neu im November 2008

Loos
Recht: verstanden!
So funktioniert unser Rechtssystem. Juristische Grundlagen einfach erklärt.

1. Aufl. 2009. Rd. 150 S.
Ca. € 10,–. dtv 50676
In Vorbereitung für Anfang 2009

Geiger/Mürbe/Linderer/ Obenaus
Beck'sches Rechtslexikon
Rund 1800 Rechtsbegriffe für Beruf und Alltag.

3. Aufl. 2003. 822 S.   §
€ 15,50. dtv 5601

Rittershofer
Lexikon Politik, Staat, Gesellschaft

3600 aktuelle Begriffe von Abberufung bis Zwölfmeilenzone.
Was sind die Aufgaben von Bundestag und Bundesrat, EU, UNO und NATO, welches die Unterschiede zwischen Gewaltenteilung und Föderalismus?
Auf diese und viele weitere Fragen zu den Begriffen der nationalen und internationalen Politik gibt dieses Lexikon aktuell, klar und verlässlich Auskunft.

1. Aufl. 2007. 869 S.
€ 19,50. dtv 50894

Zeichenerklärung:
§ *Rechtsberater*
€ *Wirtschaftsberater*

P15348Z-512

RVG · Rechtsanwalts-vergütungsgesetz

Mit dem neu geregelten Anwaltlichen Erfolgshonorar.

Textausgabe.
6. Aufl. 2008. 230 S.
€ 8,90. dtv 5762

RDG · Rechtsdienst-leistungsgesetz

Rechtsdienstleistungsgesetz mit Einführungsgesetz, Rechtsverordnung zum Rechtsdienstleistungsgesetz sowie Auszüge aus Verfahrensordnungen.

Textausgabe. 1. Aufl. 2008.
157 S. € 7,90. dtv 5773
Neu im Oktober 2008

Haft
Aus der Waagschale der Justitia

Eine Reise durch 4000 Jahre Rechtsgeschichte.
Vom Prozess Jesu bis zu den Mauerschützenprozessen, vom Codex Hammurapi bis zum Einigungsvertrag, von Platon bis zu Max Weber.

4. Aufl. 2009. Rd. 260 S.
Ca. € 14,90. dtv 5690
In Vorbereitung für
Dezember 2008   →

EuR · Europa-Recht

Verträge zur Gründung der Europäischen Gemeinschaften und Vertrag über die Europäische Union in der Fassung des Beitrittsvertrags (Rumänien und Bulgarien), Charta der Grundrechte, Rechtsstellung des Unionsbürgers, Verfahrensordnungen von EuGH und EuG, Satzung des Europarates, Menschenrechtskonvention, Europäisches Zivilverfahrensrecht, Texte zum Stabilitäts- und Wachstumspakt.

Textausgabe.
22. Aufl. 2007. 656 S.
€ 10,–. dtv 5014

EUV · Europäischer Unionsvertrag

In der **Fassung des Reformvertrags von Lissabon** enthalten: Vertrag über die Europäische Union (EUV) mit sämtlichen Protokollen und Erklärungen, Vertrag über die Arbeitsweise der Europäischen Union (AEUV) sowie das geltende Primärrecht und nationale Ausführungsbestimmungen.

Textausgabe.
6. Aufl. 2008. 627 S.
€ 12,90. dtv 5572

von Borries/Zacker (Hrsg.)
Europarecht von A–Z

Das Recht der Europäischen Union nach dem Vertrag von Nizza.
Das bewährte Lexikon informiert umfassend und bietet die ideale Grundlage zur Beschäftigung mit dem Thema.

3. Aufl. 2003. 766 S.   §
€ 19,50. dtv 5056

Richter

**Meine Rechte als
EU-Bürger**

In Frage- und Antwortform
werden diejenigen Rechts-
bereiche des Europarechts
erläutert, die konkrete Auswirkungen für jeden Bürger
haben, wie z. B. Reisefrei-
heit, Aufenthaltsrechte,
Grundrechte u. v. m.
Rechtzeitig zur Europawahl
2009 erhält der Wähler
einen praktischen Überblick.

1. Aufl. 2009. Rd. 250 S.   §
Ca. € 15,– dtv 50686.
In Vorbereitung für
Frühjahr 2009

**Verfassungen der
EU-Mitgliedstaaten**

Belgien, Dänemark,
Deutschland, Estland,
Finnland, Frankreich,
Griechenland, Irland, Italien,
Lettland, Litauen, Luxem-
burg, Malta, Niederlande,
Österreich, Polen, Portugal,
Schweden, Slowakei, Slowe-
nien, Spanien, Tschechische
Republik, Ungarn, Vereinig-
tes Königreich, Zypern.

Textausgabe.
6. Aufl. 2005. 1034 S.
€ 29,–. dtv 5554

Weltweit

**Völkerrechtliche
Verträge**

Vereinte Nationen, Bei-
standspakte, Menschen-
rechte, See-, Luft- und
WeltraumR, UmweltR,
KriegsverhütungsR,
Int. Strafgerichtsbarkeit.

Textausgabe.
11. Aufl. 2007. 860 S.
€ 16,–. dtv 5031

**Menschenrechte –
Ihr internationaler
Schutz**

Menschenrechtspakte der
Vereinten Nationen, Euro-
päische Menschenrechts-
konvention, Europäische
Sozialcharta, OSZE, Regio-
nale Menschenrechtspakte
u.v.a.

Textausgabe.
5. Aufl. 2004. 795 S.
€ 19,50. dtv 5531

Unser

Die UNO

Aufgaben · Strukturen · Politik.
Mit der Charta der Vereinten
Nationen.
Mit einem Vorwort von Kofi
Annan, ehem. Generalsekre-
tär der Vereinten Nationen.

7. Aufl. 2004. 531 S.   §
€ 16,–. dtv 5254

Schraepler

**Taschenbuch der Inter-
nationalen Organisationen**

Daten, Aufbau, Ziele, Ent-
stehung und Mitglieder der
wichtigsten europäischen
und internationalen Zusam-
menschlüsse.

1. Aufl. 1995. 497 S.   §
€ 10,17. dtv 5641

**WTO · Welthandels-
organisation**

WTO-Übereinkommen, Aus-
züge aus dem Allgemeinen
Zoll- und Handelsabkommen
(GATT) in den Fassungen von
1947 und 1994, Landwirt-
schaftsübereinkommen, Übereinkommen über gesund-
heitspolizeiliche Maßnahmen
(SPS), Übereinkommen über
technische Handelshemm-
nisse (TBT), Subventions-
übereinkommen, Anti-
dumping-Übereinkommen,
Dienstleistungsabkommen
(GATS), Übereinkommen
über geistiges Eigentum
(TRIPS), Streitbeilegungs-
vereinbarung (DSU).

Textausgabe.
4. Aufl. Rd. 390 S.
Ca. € 15,50. dtv 5752
In Vorbereitung

VON DER JUGEND BIS INS ALTER
Recht in allen Lebenslagen

Jugend und Recht

JugR · Jugendrecht

SGB VIII – Kinder- und
Jugendhilfe, Adoptions-
vermittlungsG, Unterhalts-
vorschussG, Jugendschutz-
gesetz.
Stand: 1.3.2008.

Textausgabe.
29. Aufl. 2008. 550 S.
€ 7,–. dtv 5008

Schule und Hochschule

Staupe
Schulrecht von A–Z

Noten und Zeugnisse ·
Schüler- und Elternrechte ·
Haftung und Rechtsschutz.
Das umfassende Lexikon für
Eltern, Lehrer und Schüler.

6. Aufl. 2007. 332 S.   §
€ 13,50. dtv 5232

Brenner
Meine Rechte in der Schule

Rechtliche Stellung von
Eltern, Schülern und Leh-
rern, Haftung, Versicherung.

2. Aufl. 2004. 209 S.   §
€ 9,50. dtv 5665

Lenßen
**Dein Recht:
Jugend und Schule**

Der kompakte Ratgeber für
Jugendliche, um auch
schwierige Lebens-
situationen zu meistern.

1. Aufl. 2009. 108 S.
€ 6,90. dtv 50453
Neu im Dezember 2008

Birnbaum
**Mein Recht bei
Prüfungen**

Grundlagen · Anfechtung ·
Rechtsschutz.
Effektive Hilfe für Prüflinge,
Prüfer und Behörden.

1. Aufl. 2007. 230 S.   §
€ 9,50. dtv 50647

Brehm/Zimmerling
**Erfolgreich zum
Studienplatz**

ZVS · NC · Auswahlgespräche
und -tests · Rechtsschutz ·
Studienplatzklage.
Macht mit Tipps und Hin-
weisen den Weg zum
Wunschstudium frei.

1. Aufl. 2007. 231 S.   §
€ 11,50. dtv 50652

**BAföG ·
Bildungsförderung**

Bundesausbildungsförde-
rungsG mit Durchführungs-
verordnungen und Ausbil-
dungsförderungsgesetzen
der Länder, BerufsbildungsG,
SGB III (Auszug) und
Meister-BAföG.
Mit allen Änderungen durch
das 22. BAföGÄndG.

Textausgabe.
29. Aufl. 2008. 250 S.
€ 9,–. dtv 5033

Schule und Hochschule

Ramsauer/Stallbaum/ Sternal

Mein Recht auf BAföG

Förderung von Auszubildenden an Schulen und Hochschulen, Darlehensbedingungen und Darlehensrückzahlung, ergänzende Sozialhilfe und Wohngeld.

4. Aufl. 2003. 468 S. §
€ 13,–. dtv 5283

Theisen

ABC des wissenschaftlichen Arbeitens

Erfolgreich in Schule, Studium und Beruf.

1. Aufl. 2006. 263 S.
€ 9,50. dtv 50897

Gramm/Wolff

Jura – erfolgreich studieren

Das Buch liefert detaillierte Informationen und Tipps zum Jurastudium. Ein Eignungstest für junge Juristen am Ende des Bandes bietet eine wichtige Entscheidungshilfe.

5. Aufl. 2008. 251 S.
€ 12,90. dtv 50624

Ehe, Familie und Partnerschaft

FamR · Familienrecht

Zu Ehe, Scheidung, Unterhalt, Versorgungsausgleich, Lebenspartnerschaft und internationalem Recht. Mit den Änderungen 2008 beim Unterhalt. Im Anhang die neue Düsseldorfer Tabelle. Stand: 1.1.2008.

Textausgabe.
12. Aufl. 2008. 647 S.
€ 11,–. dtv 5577

von Münch/Backhaus

Ehe- und Familienrecht von A–Z

Über 360 Stichwörter zur aktuellen Rechtslage. Annahme als Kind, Betreuung, Ehe, elterliche Sorge, Güterstand, Kindschaftssachen, Nichtehelichkeit, Scheidung, Unterhalt, Zugewinn, Lebenspartnerschaft.

16. Aufl. 2009. Rd. 350 S. §
Ca. € 9,90. dtv 5042
In Vorbereitung für
Anfang 2009

Langenfeld

Der Ehevertrag

Gerechter Interessenausgleich durch Ehevertrag oder Scheidungsvereinbarung.

11. Aufl. 2005. 214 S. §
€ 8,50. dtv 5226

Zeichenerklärung:
§ *Rechtsberater*
€ *Wirtschaftsberater*

P15348755

von Münch
Zusammenleben ohne Trauschein

Lebensgemeinschaften von verschieden- und gleichgeschlechtlichen Paaren.

7. Aufl. 2001. 192 S. §
€ 8,–. dtv 5224

Dahmen-Lösche
Ehevertrag – Vorteil oder Falle?

So finden Sie Ihre perfekte Regelung.
Prüfen Sie Ihren Ehevertrag – bevor er unterschrieben ist. Welche Klauseln vorteilhaft sind und wo die Fallen liegen erläutert ausführlich und mit zahlreichen Mustern und Beispielen versehen dieses Buch.

1. Aufl. 2008. 152 S. §
€ 9,50. dtv 50656

Peyerl
Ehevertrag und Scheidungsvereinbarung in Frage und Antwort

Güterstand, Unterhalt, Versorgungsausgleich und Zugewinn richtig regeln.
Alle wichtigen Fragen zum Thema sind ausführlich mit allen rechtlichen und steuerlichen Konsequenzen beantwortet.

1. Aufl. 2009. Rd. 200 S. §
Ca. € 9,50. dtv 50681
In Vorbereitung für Frühjahr 2009

Dahmen-Lösche/Klinger
Finanzvorsorge für Frauen

Trennung und Scheidung · Altersvorsorge · Pflegefall · Erbfall.
Eine spezielle finanzielle Vorsorge benötigen Frauen in allen Lebenslagen. Dieser Band gibt Tipps für Vorsorgevollmacht, Ehevertrag, Scheidungsvereinbarung, Vorsorge für Alter und Krankheit, Testament, Erbvertrag und zahlreiche weitere rechtliche Fragen.

1. Aufl. 2007. 191 S. §
€ 10,–. dtv 50649

Grziwotz
Rechtsfragen zu Ehe und Lebenspartnerschaft

Rechte und Pflichten, Unterhalt, Vermögensrecht und Verträge.

3. Aufl. 2004. 175 S. §
€ 8,–. dtv 50611

Grziwotz
Rechtsfragen des nichtehelichen Zusammenlebens

Ein Ratgeber für gleich- und verschiedengeschlechtliche Paare.

2. Aufl. 2002. 165 S. §
€ 8,–. dtv 50613

Schwab/Görtz-Leible
Meine Rechte bei Trennung und Scheidung

Unterhalt · Ehewohnung · Sorge · Zugewinn- und Versorgungsausgleich.
Ratgeber zu allen Rechtsfragen bei Trennung und Scheidung.
Mit allen Neuerungen 2008!

6. Aufl. 2008. 262 S. §
€ 9,50. dtv 5647

von Münch/Backhaus
Die Scheidung nach neuem Recht

Verfahren – Kindschafts- und Unterhaltsrecht – Lebenspartnerschaft.
Mit aktuellen Tabellen und Leitlinien zum Unterhalt.

12. Aufl. 2006. 346 S. §
€ 9,50. dtv 5209

P153487-56

Grziwotz

Trennung und Scheidung

Getrenntleben, Scheidung, Lebenspartnerschaftsaufhebung, Vermögensauseinandersetzung und Unterhalt.
Mit allen Neuerungen 2008!

7. Aufl. 2008. 227 S. §
€ 8,50. dtv 50612

Dahmen-Lösche
Scheidungsberater für Frauen

Kennen Sie Ihre Rechte und Ansprüche bei Trennung und Scheidung? Dieses Buch berät umfassend mit vielen Beispielen, Mustern und Checklisten.

1. Aufl. 2006. 160 S. §
€ 10,–. dtv 50641

Schlickum

Scheidungsberater für Männer

Seine Rechte und Ansprüche bei Trennung und Scheidung. Der umfassende Rechtsberater für Ehemänner und Väter, die sich nicht aus ihrer Verantwortung drängen lassen wollen. Mit neuem Unterhaltsrecht.

1. Aufl. 2008. 174 S. §
€ 9,90. dtv 50661

Peyerl
Vermögensteilung bei Scheidung

Sichern Sie Ihre Rechte und Ansprüche bei der Aufteilung des Vermögens im Scheidungsfall. Mit zahlreichen Tipps und Beispielen.

1. Aufl. 2007. 120 S. §
€ 8,50. dtv 50659

Schäfer/Schäfer/Höhler
Güterrecht und Zugewinn von A–Z

Güterrechtsfragen, insbesondere Fragen zum Zugewinn, aber auch zur Vermögensauseinandersetzung sowie zur Schuldenregulierung sind Kernpunkte fast aller Scheidungsverfahren.
Der Ratgeber gibt auf diese Fragen eine klar verständliche Auskunft.

1. Aufl. 2004. 381 S. §
€ 13,–. dtv 5675

Duderstadt
Unterhaltsrecht aktuell

Unterhalt für Ehegatten, Kinder und Verwandte.
Das gesamte Unterhaltsrecht nach der Reform: umfassend und mit zahlreichen Urteilen, Beispielen, Hinweisen und Tipps.

1. Aufl. 2008. 555 S.
€ 15,50. dtv 50684

P153487-57

Peyerl
Unterhalt in Frage und Antwort

Dieser neue Ratgeber beantwortet zahlreiche praktische Fragen zum Unterhalt für Getrenntlebende, Geschiedene und Kinder.
Mit dem geänderten Unterhaltsrecht und der neuen Düsseldorfer Tabelle.

1. Aufl. 2008. 151 S.   §
€ 7,90. dtv 50639

Lenßen
Ihr Recht:
Scheidung und Unterhalt

Die verständliche Einführung, damit Sie Ihre Rechte bei Trennung und Scheidung kennen.

1. Aufl. 2009. 100 S.
€ 6,90. dtv 50451
Neu im Dezember 2008

Dahmen-Lösche
So viel Unterhalt bei Trennung und Scheidung

Schnellübersicht Recht.
1. Aufl. 2008. 31 S.
€ 4,95. dtv 50403

Dahmen-Lösche
Unterhalt

So wehren Sie sich bei Trennung und Scheidung gegen unberechtigte Forderungen. Strategien nach der Reform im Unterhaltsrecht zur Abwehr und Begrenzung von Unterhaltsforderungen.

1. Aufl. 2009. Rd. 150 S.   §
Ca. € 7,50. dtv 50685
In Vorbereitung für
Frühjahr 2009

Schausten
So viel Elternunterhalt

Schnellübersicht Recht.
1. Aufl. 2008. 31 S.
€ 4,95. dtv 50406

Heiß/Heiß
Die Höhe des Unterhalts von A–Z

Lexikon für Unterhaltsberechtigte, Unterhaltsverpflichtete und Juristen.
Mit allen Änderungen durch die Unterhaltsreform 2008.

10. Aufl. 2008. 575 S.   §
€ 13,90. dtv 5059

Schulte
Eltern und Kinder

Elterliche Sorge · Umgang · Unterhalt.
Rechte und Pflichten gegenüber Partnern und Kindern sowie alles zu Jugendamt, Familiengericht, Unterhaltsvorschuss und Sozialhilfe, Namensrecht sowie Erbrecht.

3. Aufl. 2009. Rd. 270 S.   §
Ca. € 10,90. dtv 5648
In Vorbereitung für
Anfang 2009

Oberloskamp/Hoffmann
Wir werden Adoptiv- oder Pflegeeltern

Verfahren im In- und Ausland.
Sie erfahren alles Wichtige zu Voraussetzungen und Rechtsfolgen, insbesondere bei Auslandsadoptionen; auch Aspekte wie Erziehungsrechte, Unterhalt oder Kindergeld sind berücksichtigt.

5. Aufl. 2006. 399 S.   §
€ 13,50. dtv 5215

Bergdolt/Högel
**Tagesmütter, Haushalts-
hilfen, Au-pairs**
Kinder und Beruf verein-
baren. Rechtlicher Rat und
praktische Tipps.

1. Aufl. 2001. 232 S. §
€ 9,–. dtv 5673

Raack/Doffing/Raack
**Recht der religiösen
Kindererziehung**
Unser Kind und seine
Religion.
Dieser praxisorientierte Ratgeber gibt Antworten auf
alle Fragen, die die religiöse
Zugehörigkeit von Kindern
sowie die Folgen für Kinder-
garten, Schule, Teilnahme
an Festen und Ritualen
betreffen.

1. Aufl. 2003. 275 S. §
€ 11,50. dtv 5676

*s.a. Recht und Förderung
für mein behindertes Kind,
dtv 50680, rechts*

Behindertenrecht

**SGB IX · Rehabilitation
und Teilhabe behinderter
Menschen**
SGB IX mit allen Schwer-
behindertenverordnungen,
Behindertengleichstellungs-
gesetz, Auszüge aus anderen
Sozialgesetzbüchern, ein-
schlägige Steuervorschriften
sowie das Bundesversor-
gungsgesetz.

Textausgabe.
6. Aufl. 2008. 676 S.
€ 13,–. dtv 5755

Majerski-Pahlen/Pahlen
**Mein Recht als
Schwerbehinderter**
Erwerbstätigkeit · Sozial-
leistungen · Steuern · Nach-
teilsausgleiche.
Alles Wissenswerte für
Betroffene, Angehörige und
Betreuer. Mit allen Neuerun-
gen durch Hartz IV.

7. Aufl. 2006. 281 S. §
€ 11,50. dtv 5252

Greß
**Recht und Förderung für
mein behindertes Kind**
Elternratgeber für alle
Lebensphasen – alles zu
Sozialleistungen, Betreuung
und Behindertentestament.

1. Aufl. 2009. Rd. 220 S. §
Ca. € 12,50. dtv 50680
In Vorbereitung für
Anfang 2009

Betreuung und Alter

BtR · Betreuungsrecht
BetreuungsG, Betreuungs-
behördenG, Vormünder-
und BetreuervergütungsG.
Jetzt mit allen Änderungen
durch das 2. Betreuungs-
rechtsänderungsgesetz.

Textausgabe.
8. Aufl. 2007. 131 S.
€ 5,–. dtv 5570

Zimmermann
Ratgeber Betreuungsrecht
Hilfe für Betreute und
Betreuer.
Dieses Buch gibt Antwort
auf alle wesentlichen Fragen
zum Betreuungsrecht.

7. Aufl. 2006. 296 S. §
€ 10,–. dtv 5604

Winkler
**Betreuung in Frage und
Antwort**
Alle rechtlichen Aspekte für
Betreute und Betreuer.
Mit zahlreichen Beispielen
und Checklisten.

1. Aufl. 2009. Rd. 200 S. §
Ca. € 7,50. dtv 50682
In Vorbereitung für
Anfang 2009

Betreuung und Alter

Zimmermann
Betreuungsrecht von A–Z

Rund 450 Stichwörter zum aktuellen Recht.
Die Neuauflage ist um zahlreiche Stichwörter und die neueste Rechtsprechung erweitert.

3. Aufl. 2007. 351 S. §
€ 12,50. dtv 5630

Sengler/Zinsmeister
Mein Recht bei Pflegebedürftigkeit

Praxisleitfaden zur Pflegeversicherung.
Mit allen Änderungen durch die sog. Hartz-Reformen.
Hinweise, Beispiele und

Adressen bieten wichtige Hilfen.

3. Aufl. 2006. 346 S. §
€ 12,50. dtv 5650

Schmidt
Das Recht der Senioren

Selbstbestimmtes Älterwerden.
Behandelt werden u.a. Testament und Erbrecht, Recht bei Krankheit, Patientenverfügung, Vorsorgevollmacht und rechtliche Betreuung.

2. Aufl. 2003. 217 S. §
€ 10,–. dtv 5293

Zimmer
Ratgeber Demenzerkrankungen

Rechts- und Praxistipps für Angehörige und Betreuer.
Alles zu rechtlicher Vorsorge, Betreuung, Pflege und vielen weiteren Themen.

1. Aufl. 2009. Rd. 200 S. §
Ca. € 11,90. dtv 50672
In Vorbereitung für Anfang 2009

Winkler
So gestalte ich Vorsorgevollmacht und Patientenverfügung

Schnellübersicht Recht.
1. Aufl. 2008. 31 S.
€ 4,95. dtv 50402

Putz/Steldinger
Patientenrechte am Ende des Lebens

Vorsorgevollmacht ·
Patientenverfügung ·
Selbstbestimmtes Sterben.
Die Analyse der neuesten Rechtsprechung hilft, sinnvoll vorzusorgen und eigene Rechte durchzusetzen.

3. Aufl. 2007. 274 S. §
€ 11,50. dtv 5696